D1573410

Für Irma

Klaus Modick

KREIS
LEHR
GARTEN

Hereinspaziert!

2006

Inhalt

Grußworte	5
Essay *Stefan Leppert*	11
Geschichte *Angelika Laumann / Klaus Krohme*	17
Der Garten *Angelika Laumann / Klaus Krohme*	45
Aus- und Weiterbildung *Angelika Laumann / Klaus Krohme*	69
Veranstaltungen *Angelika Laumann / Klaus Krohme*	77
Der Förderverein *Angelika Laumann / Klaus Krohme*	84
Natur im Garten *Udo Schneiders*	87
Kunst im Garten *Elvira Meisel-Kemper*	101
Der Garten in den Medien *Kirsten Weßling*	109
Winter im Garten *Angelika Laumann / Klaus Krohme*	113
Zeittafel	114
Stichwortverzeichnis	115
Bildnachweis	118
Impressum	119

1999

Grußwort

Liebe Bürgerinnen und Bürger, liebe Gartenfreundinnen und -freunde!

Schlägt Ihr Herz auch für die Schönheiten von Gärten? Wie sie je nach Jahreszeit ihren ganz eigenen Zauber versprühen? Egal ob alles sprießt und blüht, die Früchte prall vor der Ernte stehen oder die Natur sich für den Winter wappnet – ein Spaziergang entlang von Beeten, Bäumen und Blumen schärft die Sinne und lässt aufatmen. Gärten sind Orte der Ruhe, der Sinnenfreude, der Kreativität.

Einen solch besonderen Ort hegt und pflegt der Kreis Steinfurt seit nunmehr 100 Jahren! Und das zur großen Freude sowohl von „Garten-Laien" als auch von „Garten-Profis": Mehr als 50 000 Besucherinnen und Besucher zieht der Kreislehrgarten im Steinfurter Stadtteil Burgsteinfurt Jahr für Jahr in seinen Bann.

Seit seiner Gründung im Jahr 1914 hat sich der Lehrgarten stetig weiterentwickelt und den jeweiligen Gegebenheiten der Zeit angepasst. Jeder der vier Leiter hat den Ort auf ganz eigene Art geprägt und seine Handschrift hinterlassen. Sinnvolle bauliche Maßnahmen, ein hohes Maß an Fachwissen und kluge politische Entscheidungen haben den Garten zu dem gemacht, was er heute ist: ein Juwel, das weit über die Kreisgrenzen und das Münsterland hinaus strahlt.

Nicht ohne Grund ist es dem Kreislehrgarten Steinfurt gelungen, zehn Jahrzehnte hindurch zu wachsen und zu gedeihen: Er hat die Schwerpunkte seiner Arbeit den Bedürfnissen und Erwartungen der Bürgerinnen und Bürger angepasst und ist dabei seinen Kernaufgaben und seinem Selbstverständnis stets treu geblieben.

Betrachten wir die Gegenwart und Zukunft, so ist es sicher nicht übertrieben zu sagen, dass der Kreislehrgarten derzeit so viele Funktionen erfüllt wie nie: Als touristischer „Leuchtturm" trägt er maßgeblich dazu bei, die weichen Standortfaktoren der Region zu stärken. Mit seinen zahlreichen Veranstaltungen, Kursen und Führungen bringt er Erwachsenen und Kindern immer wieder die wunderbare Pflanzenwelt nahe und stärkt somit nachhaltig das Umweltbewusstsein. Das intensive Bemühen um die Sortenvielfalt ist von unschätzbarem ökologischen Wert. Und nicht zu vergessen: In unserer hektischen, reizüberfluteten Zeit bietet er Zuflucht und Muße.

Diese Festschrift zum 100. Geburtstag des Kreislehrgartens Steinfurt gibt einen umfassenden Einblick in seine Geschichte, sie bringt Persönlichkeiten in Erinnerung, die den Garten prägten, erzählt Überraschendes und Kurioses und zeigt eine Fülle von bislang unveröffentlichten Fotos. Allen Leserinnen und Lesern wünsche ich viel Spaß beim Lesen und lade sie natürlich sehr herzlich zu einem Besuch unseres Lehrgartens ein! Es lohnt sich!

Thomas Kubendorff | Landrat

Grußwort

„Der Sinn des Gartens ist, den Geist des Menschen Ruhe und Glück finden zu lassen."

Gärten sind ein Teil der Kulturgeschichte. Sie spiegeln wider, wie eine Gesellschaft aussieht und welche Normen oder Werte sie kennt; Gärten geben wieder, welche Vorlieben und Träume die Menschen haben; sie legen Zeugnis dafür ab, wie der Mensch die Natur versteht und wie er mit ihr umgeht.

Als „Kreis Obst- und Gemüsegarten" im Jahr 1914 gegründet ist der Kreislehrgarten heute eine einzigartige Einrichtung im Münsterland. Mehr als 50 000 Gartenliebhaber holen sich in jedem Jahr bei ihren Besuchen Anregungen für die Planung, Gestaltung und Pflege der eigenen Gärten oder verbringen in ihm einige Mußestunden und genießen seine Schönheit und Pflanzenvielfalt. Zu jeder Jahreszeit bietet der heute als Schul- und Schaugarten genutzte Kreislehrgarten auf ca. 32 000 Quadratmetern eine eindrucksvolle Pflanzenwelt.

Im Jahr 1996 gründete sich der Förderverein Kreislehrgarten e.V., der heute mehr als 200 Mitglieder zählt. Durch ihn konnten in den vergangenen Jahren zahlreiche Maßnahmen am und im Kreislehrgarten finanziell unterstützt werden, so die Anschaffung von vier neuen Gartenbänken oder der Bau des neuen Holzsteges am neuen Teich. Auch wird sich der Förderverein an den Kosten der 100-Jahr-Feier beteiligen. Daher an dieser Stelle mein ganz besonderer Dank an alle Mitglieder des Fördervereins Kreislehrgarten für ihren Einsatz und das immer „offene Ohr", wenn es um Belange des Kreislehrgartens geht.

Für die Zukunft wünsche ich dem Kreislehrgarten, dass sich stets engagierte und interessierte Menschen finden, die sein Fortleben garantieren. Allen Mitarbeiterinnen und Mitarbeitern und allen Fördervereinsmitgliedern wünsche ich ein schönes Jubiläumsjahr mit vielen interessanten Veranstaltungen und zahlreichen Besuchern.

Ein altes chinesisches Sprichwort sagt:

„Willst du für eine Stunde glücklich sein, so betrinke dich.
Willst du für drei Tage glücklich sein, so heirate.
Willst du für acht Tage glücklich sein, so schlachte ein Schwein und gib ein Festessen.
Willst du aber ein Leben lang glücklich sein, so schaffe dir einen Garten."

Dieser Garten zum Glücklichsein ist mit dem Kreislehrgarten geschaffen worden!

Andreas Hoge | Bürgermeister

„Gärtner sein …
Von Gott beauftragt,
der Schöpfung zu dienen,
den Menschen zum Segen.
Verantwortung für künftiges Leben.

In Hoffnung säen,
mit Liebe pflegen,
in Dankbarkeit ernten!"

Liebe Freunde des Steinfurter Kreislehrgartens,

herzliche Glückwünsche der Deutschen Gartenbau-Gesellschaft zu Ihrem nunmehr 100 Jahre alten Kreislehrgarten-Paradies. Ich habe es zur Eröffnung der 44. Steinfurter Gartentage als ein Eldorado für Gartenfreunde kennen- und schätzen gelernt. Eine Fundgrube an Gartenideen mit einer Pflanzenvielfalt in harmonischer Gestaltung und Verwendung.

Es war die Weitsicht der verantwortlichen Kreispolitiker und Naturliebhaber, einen solchen Schatz zu gründen und über die geschichtlichen Turbulenzen zweier Weltkriege und Weltwirtschaftskrisen aufrechtzuerhalten und stets weiterzuentwickeln.

Wir, die DGG, freuen uns als langjähriger Partner mit Ihnen über dieses Jubiläum, das nicht oft in Deutschland gefeiert werden kann, und wünschen Ihnen auch in Zukunft viele wissensdurstige, begeisterte Pflanzen- und Naturliebhaber, die gern gärtnern nach unserem Leitspruch „Gärtnern um des Menschen und der Natur willen".

Karl Zwermann | Präsident der Deutschen Gartenbau-Gesellschaft

Grußwort

Liebe Leserinnen und Leser,

ein Garten ist ein besonderer Ort – für Kinder und Erwachsene aus allen Kulturkreisen. Im Garten verblassen gesellschaftliche Grenzen, und das gemeinsame Naturerlebnis schafft einen neuen sozialen Raum, in dem nicht zuletzt Ideen für eine ökologische Zukunftsgestaltung entstehen dürfen. Ich freue mich daher ganz besonders, dem Kreislehrgarten Steinfurt, der genau einen solchen Raum schafft, zu seinem 100-jährigen Bestehen zu gratulieren. Bereits meinen Eltern lag der Kreislehrgarten sehr am Herzen: Meine Mutter, Sonja Gräfin Bernadotte, übernahm bereits im Jahr 1984 die Schirmherrschaft der 19. Steinfurter Gartentage und eröffnete dann die 30. Gartentage elf Jahre später. Viele Schwerpunkte, die im Kreislehrgarten gesetzt werden, spiegeln sich im Engagement der Insel Mainau wider. Auch auf der Blumeninsel werden Bienen und deren Bestäubungsleistung interaktiv erlebbar, wird Bio-Obst angebaut und Naturpädagogik insgesamt großgeschrieben.

In diesem Sinne freue ich mich auf das Jubiläumsjahr des Kreislehrgartens und lege den Lesern dieses Bandes besonders die Tipps für den eigenen Garten ans Herz.

Bettina Gräfin Bernadotte | Geschäftsführerin Insel Mainau

Stammrose 'Rosarium Uetersen' | 2010

Essay

Lernst du noch oder bist du schon?

Auf Gartenreisen bekommt man als Reiseleiter zu Beginn häufig folgende Frage gestellt: Sind Sie Gärtner? Die Fragenden wähnen sich in Sicherheit, wenn man diese Frage mit einem klaren Ja beantworten kann. Doch ist diese Sicherheit trügerisch, denn ein Baumschulgärtner weiß häufig nicht viel über Zimmerpflanzen, ein Ziergärtner steht beim Obstbau nicht selten auf dem Schlauch.

Und wie wertlos ein Gesellenbrief ist, merkt man auf einer Gartentour etwa durch Italien, Holland oder – wie meistens – durch England. Was die klimaverwöhnten südenglischen Gärtner etwa an Gehölzen und Stauden in ihre Beete setzen, kennt der deutsche Gärtner häufig nur aus dem Gewächshaus des Botanischen Gartens.

Bleiben wir einen Moment in England, gern Mutterland des Gartens genannt. Engländer würden ihrem Reiseleiter die Frage nach dem Gärtnerstatus gar nicht stellen. Gärtner zu sein versteht sich von selbst. Dort ist Gärtner mehr als ein Beruf, dort ist man Gärtner, wenn man einen Garten hat und sich darin zu schaffen macht. Dabei ist die zweite Satzhälfte entscheidend: sich zu schaffen machen.

Brücke am Teich | 2009

Der Lehrgarten, zu dessen Jubiläum diese Publikation erscheint, wendet sich an all jene, die sich im Garten zu schaffen machen. Und in seinem Namen verbirgt sich ein Anspruch: Hier soll man lernen können. Dieses Lernen und Lernen-Wollen scheint ein entscheidender Punkt zu sein in der Gartenkultur beziehungsweise in der Gartengestaltung eines Landes.

Wer je die Gelegenheit hatte, in englischen Gärtnereien, in Gärten oder auf Gartenveranstaltungen Gespräche der Briten zu verfolgen, bekommt eine Ahnung, wo das Geheimnis der englischen Gartenqualität steckt. Man könnte, wie immer mit einem Quäntchen Ungerechtigkeit versehen, pauschalisieren: Der deutsche Gartenbesitzer muss noch viel lernen.

In bunter Vielfalt geben die deutschen Vorgärten landauf landab Auskunft darüber und hinterm Haus sieht es meistens nicht viel besser aus. Hätte der deutsche Haus-, Maschinen- oder Autobau die Fehlerdichte des Gartens, wäre das Leben und Arbeiten hierzulande brandgefährlich. Aber glücklicherweise hat es der deutsche „Gärtner" mit den Mechanismen von Mutter Natur zu tun. Die lässt sich immer noch nach barocker Manier beherrschen, also aufwendig zurechtstutzen – oder wie gerade besonders beliebt mit Splittpackungen zudecken. Wer den Mut hat, sie in welchem Umfang auch immer zur Entfaltung kommen zu lassen, den weist sie sanft auf Fehler hin, repariert diese in seltenen Fällen sogar. Meist zwingt sie den Gärtner aber zum Umdenken und zu einem weiteren Versuch.

Wie viel Zeit und Geld könnte der Gärtner sparen, wenn er lernen wollen würde. Bücher über das Lernen füllen meterweise Bibliotheksregale. Und je tiefer man sich in dieses Forschungsgebiet vertieft, desto weiter scheint man sich von der Antwort zu entfernen, warum sich viele Menschen mit dem Lernen so schwer tun. Wir haben es letztlich mit Gehirnforschung zu tun, die noch viele Fragezeichen vor sich hat. Doch eine wissenschaftliche Erkenntnis macht einen nachvollziehbaren Eindruck. Für das Erbringen erfolgreicher oder gar herausragender Leistungen sind weniger Intelligenz, Begabung noch Erbanlagen entscheidend, sondern vielmehr das Wollen. Das mag mit Persönlichkeitsmerkmalen zusammenhängen, vor allem aber mit dem Faktor Motivation.

Essay

Es macht einen Unterschied, ob man Staudenverwendung im Vortragsraum der Volkshochschule, durch Literatur oder mit der Pflanzkelle in der Hand lernt. Und sich von der eisernen Regel zu verabschieden, ein Obstbaum sei erst dann richtig geschnitten, wenn man einen Hut durch die Krone werfen kann, fällt in der Diskussion mit einem Fachmann bedeutend leichter als nach dem Aufschnappen einer Headline.

Zurück nach England – es scheint einen Zusammenhang zu geben zwischen dem selbstverständlichen, in der Volksseele verankerten Gärtnern und der Qualität der Gärten. Die Verankerung in der Volksseele macht das Gärtnern zum Alltäglichen, über das man spricht, diskutiert, an dem man lernt, mit dem man in Gesellschaft kommt. Zweifellos, man kann das Gärtnern als stille Beschäftigung des Individuums sehen. Unter Gärtnern im besten Sinne ist es jedoch immer auch die Welle, auf der kommuniziert wird. Und hier setzt eine Einrichtung wie der Kreislehrgarten in Steinfurt an. Einer Stadt, einem Kreis, ja einem Land kann nichts Besseres passieren als ein Kreislehrgarten. Er versucht über das praktische Tun und die Diskussion, das Gärtnern zu lehren – und damit nichts Geringeres zu erreichen, als Gartenbesitzer zu Gärtnern zu machen, die Qualität der Gartenkultur zu fördern und damit das Gesicht unseres Lebensumfeldes zu verschönern.

Mohn 'Pizzicato'

'Hauszwetsche'

Allen, die sich dem Lehren und Lernen hingeben, sei am Ende ein Forschungsergebnis nicht vorenthalten. Ein Schläfchen nach dem Lernprozess verbessert das Lernergebnis, denn so werden die Konsolidierungsvorgänge im Gehirn nicht gestört. Sollte man dem Kreislehrgarten also überhaupt einen guten Rat für die nächsten hundert Jahre auf den Weg geben, dann vielleicht den, den Seminarteilnehmern Feldbetten für die Pause anzubieten. Das wäre zudem endlich einmal etwas, was die englischen Gärtner von den deutschen lernen könnten.

2001

Stefan Leppert ist Text- und Bildjournalist im Bereich Garten und Landschaft. Seine nunmehr 25-jährige Auseinandersetzung mit dem Thema als Gärtner, Landschaftsarchitekt, Redakteur und Autor haben die Erkenntnis reifen lassen, dass es vor allem die weichen Standortfaktoren sind, die Menschen in Regionen locken und halten. Der Garten als vielfältig spürbares Element in der Landschaftskultur gehört dazu – und das gilt es zu kommunizieren.

Geschichte

1956
1947
2005

Der erste Gartenleiter Friedrich Mey

1914 bis 1945

Von der Planung bis zur Entstehung – ein früchtetragender Traum wird wahr

Als erster Leiter des Kreis-Obst- und Gemüse-Mustergartens wird Friedrich Mey genannt. Der gebürtige Ostpreuße begann seinen Dienst für den Kreis Burgsteinfurt am 1. April 1913. Die ersten Planungen für den Garten lagen aber schon einige Jahre zurück. So war es der Obstbautechniker und Obstbaulehrer Rudolf Kempin, der die Idee hatte, zur Förderung der Obstbaumzucht und des Gemüsebaus in Burgsteinfurt einen Mustergarten anzulegen. Kempin wurde im Juli 1911 zum Obstbauinspektor für die Kreise Ahaus, Borken, Coesfeld und Burgsteinfurt mit Sitz in Burgsteinfurt ernannt. Zu jener Zeit führte er regelmäßig mehrtägige Obstbaukurse durch. Der eifrige Obstspezialist erkannte schnell den Bedarf der Bevölkerung, weitere Informationen zum Thema Obstbaumpflege und auch Pflanzmaterial zu erhalten, was sich zu der Zeit sehr schwierig gestaltete. Zudem deckte der Anbau von Obst und Gemüse im Kreis bei Weitem nicht die steigende Nachfrage der Menschen. Das Konzept von Rudolf Kempin überzeugte den Kreisausschuss, der darauf den Aufbau eines Mustergartens beschließt. Er bittet den Kreistag, entsprechende Mittel zum Erwerb eines Grundstücks zu bewilligen. Dies geschah am 8. November 1912: Der Kreistag ermächtigt den Kreisausschuss, eine Parzelle zu erwerben. Obstbauinspektor Rudolf Kempin legte noch detaillierte Kostenpläne vor, bevor er dann im April 1913 nach Kiel übersiedelte.

Friedrich Mey

Friedrich Mey, ein Obstsortenkenner im Dienst – 30 000 Quadratmeter galt es beispielhaft und vorbildlich zu bepflanzen

Im Januar 1927 wurde die erste Bodenfräse angeschafft.

Auf Kempins Basis aufbauend, legte dann sein Nachfolger, Obstbautechniker Friedrich Mey, im Juni 1914 einen neuen Plan für den Mustergarten vor. Die Flächen waren bisher noch teilweise verpachtet und so konnte erst ab Ende 1914 gepflanzt werden.
Der Kreisausschuss stellte den Betrag von 12 400 Mark zur Verfügung – die Geburtsstunde des Kreislehrgartens! Die erschwerten Bedingungen während der Kriegsjahre machte auch die Einrichtung des Gartens komplizierter. Die Bepflanzung sollte zunächst verschoben werden. Friedrich Mey jedoch beantragte im August 1914 die dringend notwendige Nutzung des Geländes zumindest für den Gemüseanbau, um so die desolate Ernährungssituation der Bevölkerung zu verbessern. Ab Februar 1915 wurden drei Hilfskräfte eingestellt. Mit ihrer Unterstützung wurden die ersten Pflanzarbeiten vorgenommen. Für 1919 beantragt der Obstinspektor die Anpflanzung mehrerer Obstbäume. 1923 wurde auch mal eine kritische Stimme laut: Der angeblich „brachliegende Mustergarten" solle als Gartenland an Bürger verpachtet werden. Herr Mey brauchte nur wenige Worte um den Sachverhalt zu klären und die Wichtigkeit des Gartens für alle Bewohner zu verdeutlichen: Das „brachliegende" Feld bestand aus getrocknetem Kartoffellaub, was bedauerlicherweise der Gartenkritiker nicht als solches erkannt hatte.

1914 bis 1945

Das Aufgabenfeld des Obstbauinspektors ging zudem über die (Lehr-)Gartengrenze Burgsteinfurts hinaus. Er war ebenso für die Kreise Ahaus, Borken und Coesfeld zuständig. So stand er den damaligen Landwirten und Obstbauvereinen mit Rat und Tat zur Seite. Wann und wo immer Obst und auch Gemüse gepflanzt werden sollte, das nötige Fachwissen lieferte Obstinspektor Mey. Zahlreiche Kurse zu den Themen Pflanzenschutz, Veredelung sowie Obstbaumschnitt und auch Sortenausstellungen wurden von Friedrich Mey durchgeführt. Baumwärter und Spritzenführer erlangten ihre Lizenz im Lehrgarten. Er sammelte Anfragen für Edelreiser und beobachtete die gepflanzten Sorten. Unter seiner Aufsicht wurden junge Obstbäume für eine Mark an die Bevölkerung verkauft.

Am 1. April 1927 wurden Friedrich Meys Verdienste für den Kreislehrgarten und den Obstbau gewürdigt. Er erhielt seine Beförderung zum Obstbauoberinspektor.

Johann Rehorst arbeitete bis in die 1960er Jahre im Lehrgarten.

Birne von Tongre.

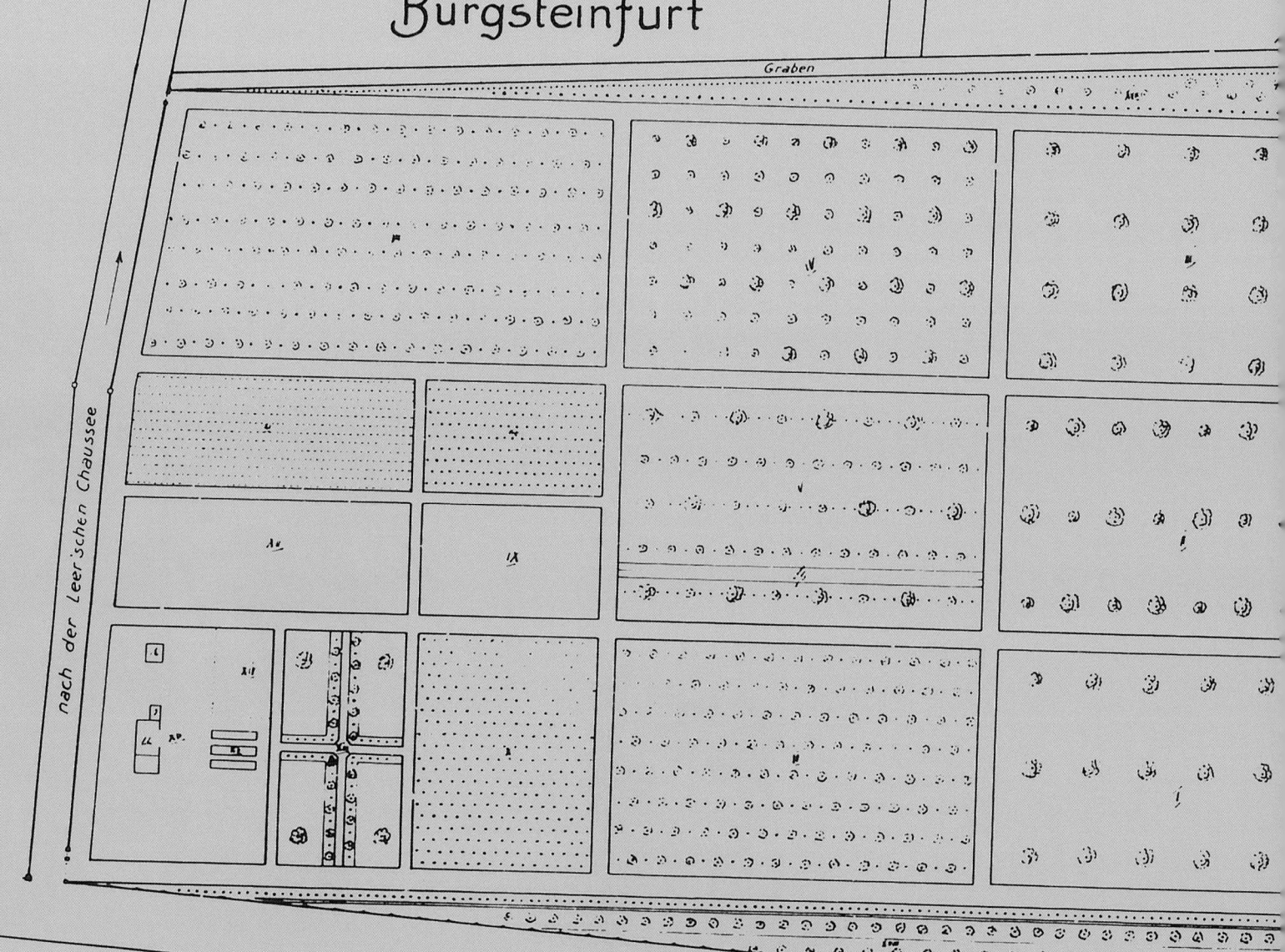

Abt.	I	Feldobstbau m. Feldgemüse	10 : 15 m.
"	II	" " "	7,50 : 15 .
"	III	Weideobstanlage	12 : 12 m.
"	IV	Halbstämme m. Sauerkirschen u. Gemüse	6 : 7,5 m.
"	V	" Apfelbuschbäumen u. Gemüse	7,5 : 7,5 u. 5 : 5 m.
"	VI	Buschobst, Apfel- u. Johannisbeeren	5 : 5 m.
"	VII	" Birnen, Pflaumen, Kirschen, Pfirsiche u. Rhabarber	5 : 5 m.
"	VIII	Stachelbeeren	1,5 : 2 m.
"	IX	Erdbeeren	6,4 : 0,8 m.
"	X	Johannisbeeren	2 : 2 m.
"	XI	Himbeeren	0,6 : 1,5 m.
"	XII	Anzuchtbeete Versuche etc.	
"	XIII	Hausgarten, Obst u. Gemüse	
"	XIV	Kompostanlage	
"	XV	Frühbeete	
"	XVI	Schuppen, Brunnen etc.	
"	XVII	Rabatte, Schutzpflanzung, Beerenobst, Bienenstand	
"	XVIII	Beerenobst u. versch. Buschobst	

Zeichenerklärung:

- Hoch- u. Halbstämme
- Buschobst
- Beerenobst, Rhabarber

Gartenplan 1914

Angebot über ein Stachelbeersortiment der Baumschule Pomona aus dem Jahr 1914

Während des Zweiten Weltkrieges

Leider sind aus dieser Zeit nur sehr wenige Unterlagen in den Archiven erhalten. In den 1930er Jahren fanden weiterhin Baumwärterkurse und Spritzenführerkurse statt. Es wurden Edelreiser kostenfrei abgegeben und vermehrt Erdbeeren angebaut.

Interessant ist zu dieser Zeit die sinkende Nachfrage nach deutschem Gemüse. Friedrich Mey bemerkt dazu, dass die Verwertung von Treibgemüse durch die zahlreich eingeführten holländischen Gemüse sehr erschwert und der Erlös nur noch gering sei. Ein weiterer Grund für den Rückgang des Gemüseanbaus im Mustergarten war der Zuwachs der Obstgehölze: 1931 gab es 520 Obstbäume in der Obstanlage.

Die Qualität des Obstes war sehr gut, die Früchte aus Burgsteinfurt waren gefragt. Bestellungen beispielsweise aus dem Jahr 1934 auch von auswärts (Gronau, Münster, Bielefeld, Herford und Berlin) sicherten den Absatz der Ernte.

Im Jahr 1937 wurden vom Institut für Obstbau der Universität Berlin zwölf verschiedene Apfelhalbstämme der Sorte 'Schöner aus Boskoop' zur Anpflanzung geliefert, deren Wuchs, Gesundheit und spätere Tragbarkeit es zu beobachten und zu vergleichen galt.

Aus den Jahren 1935 bis 1945 gibt es keine Aufzeichnungen mehr.

Der über die Grenzen hinaus renommierte und gefragte Obstbauoberinspektor Friedrich Mey wurde 1945 pensioniert. Er starb am 2. Dezember 1952.

'Schöner aus Boskoop' aus der Versuchspflanzung 1937

Bis 2011 ältester Baum im Kreislehrgarten 'Schöner aus Boskoop' | Pflanzjahr 1921

Verwaltungsgebäude Ende der 1950er Jahre

Der zweite Gartenleiter Willi Berndt

1946 bis 1976

Aufgewachsen ist Willi Berndt in Swinemünde auf Usedom. Nach seinem Studium von 1933 bis 1935 an der Höheren Lehr- und Forschungsanstalt für Wein-, Obst- und Gartenbau in Geisenheim am Rhein begann seine Tätigkeit als Gartenbau-Fachberater beim Obst- und Gemüsebauverband Westfalen-Lippe. Im April 1946 trat er die Nachfolge von Gartenbauoberinspektor Friedrich Mey an. Nach dem Zweiten Weltkrieg befand sich der Kreislehrgarten in einem trostlosen Zustand. Während der Kriegsjahre wurden die notwendigen Pflegemaßnahmen aus Mangel an Arbeitskräften eingestellt, und es waren große Anstrengungen nötig, um den Garten wiederherzurichten.

Mit Willi Berndt blühte der Garten wieder auf. Zudem übernahm er ebenso die gartenbauliche Fachberatung für die damaligen Landkreise Ahaus, Coesfeld, Borken und Burgsteinfurt. Der Pflanzenliebhaber erkannte schnell, dass ein den Zeitverhältnissen angepasster Lehrgarten wesentlicher Bestandteil der Fachberatung sein könnte. So machte er 1947 der Kreisverwaltung den Vorschlag, geeignete Räumlichkeiten für die Durchführung von gartenbaulichen Kursen zu schaffen. Der Kreistag stimmte dem Bauvorhaben zu, und 1949 konnte der damalige Landrat Rudolf Hörstker dem Lehrgarten das fertiggestellte Verwaltungsgebäude übergeben.

'Centenaire de Lourdes'
Lieblingsrose von Willi Berndt

Verwaltungsgebäude | 1954

Die ersten Arbeitskräfte in der Wiederaufbauphase nach dem Zweiten Weltkrieg waren Gymnasiasten. Die Schüler arbeiteten halbtags im Kreislehrgarten, ein geordneter Schulbetrieb war zu der Zeit noch nicht vorhanden. Mit Hermann Greiwe und Wilhelm Ottersbach kamen im April 1946 festangestellte Mitarbeiter in den Lehrgarten, um die notwendigen Schnittmaßnahmen an den Obstkulturen durchzuführen. Der Obstbaumbestand diente auch weiterhin der Ausbildung der Baumwärter. Sie erlernten unter anderem den richtigen Obstbaumschnitt. Mit diesem Wissen war die Pflege der Obstwiesen in den Gemeinden gewährleistet. 1947 wurde der Kreislehrgarten als Ausbildungsbetrieb für den Obstbau von der Landwirtschaftskammer anerkannt, und die ersten drei Lehrlinge ergänzten die Belegschaft.

Im Jahre 1951 verlegte der Landesverband der Gartenbauvereine Westfalen-Lippe e. V. seine Geschäftsstelle nach Burgsteinfurt und wählte Willi Berndt zum Geschäftsführer. Damit wurde Burgsteinfurt zum Zentrum für Gartenfreunde in Westfalen-Lippe und der Lehrgarten ein interessantes Ausflugsziel für viele Gartenbauvereine und Landfrauengruppen.

1946 bis 1976

Willi Berndt begann Anfang der 1950er Jahre mit der Umstrukturierung des reinen Obst- und Gemüselehrgartens in einem allgemeinen Lehrgarten. Ein großes Gehölzsortiment wurde gepflanzt, und es kamen die ersten Stauden und Sommerblumen dazu. Im Obstgarten waren inzwischen die hochstämmigen Baumbestände gerodet und durch moderne Pflanzungen ersetzt worden.

Staudengarten | 1985

Franz Niederau | Klaus Krohme | Ministerialrat a. D. Anton Kränzle | Brigitte Fleddermann | Hubert Mersch | Waltraud Nölleke | Willi Berndt | Gräfin Sonja Bernadotte | Landrätin Christina Riesenbeck und Hermann Greiwe (Steinfurter Gartentage 1995)

Im Jahr 1965 führte der Landesverband zusammen mit dem Kreislehrgarten unter Federführung von Willi Berndt die ersten „Steinfurter Gartentage" durch, zu denen Besucher aus der gesamten Bundesrepublik und aus dem benachbarten Ausland nach Burgsteinfurt kamen. Das Wochenseminar bestand aus Vorträgen, praktischen Unterweisungen und Exkursionen. Willi Berndt hat immer besonderen Wert darauf gelegt, den Seminarteilnehmern den Reiz des Münsterlandes nahezubringen und den Garten als allgemeines Kulturgut zu begreifen. Die „Steinfurter Gartentage" finden seitdem jährlich statt.

Steinfurter Gartentage | 2006

1954

Gartenansicht | 1998

Willi Berndt | 1996

Willi Berndt wurde 1976 offiziell in den Ruhestand verabschiedet. Doch ließ er es sich nicht nehmen, auch weiterhin viele Besuchergruppen durch den Garten zu führen. Bis zu seinem Tode im Jahr 2003 gehörten die regelmäßigen Spaziergänge durch „seinen" Kreislehrgarten zum festen Tagesprogramm.

Frühling im Heidegarten | 1984

Der dritte Gartenleiter Hermann Greiwe

1976 bis 1989

Vor dem Krieg arbeitete Hermann Greiwe als Facharbeiter in der Brauerei Rolinck. Nach Wehrdienst und russischer Kriegsgefangenschaft begann er am 1. April 1946 zunächst als Gartenarbeiter im Kreislehrgarten. Nachdem der Garten 1947 als Ausbildungsbetrieb anerkannt wurde, entschloss sich der gebürtige Burgsteinfurter zu einer Ausbildung als Obstbauer. Im März 1949 bestand er die Gärtner-Gesellenprüfung und arbeitete als Obergehilfe im Lehrgarten. Nach dem Besuch der Winterlehrgänge auf der Meisterschule in Münster-Wolbeck absolvierte Hermann Greiwe im Juli 1956 seine Meisterprüfung. Als technischer Leiter und Ausbilder stand er Willi Berndt zu dieser Zeit zur Seite. Nach der Pensionierung Berndts 1976 wurde Hermann Greiwe die Gartenleitung übertragen. Er baute die Pflanzensortimente weiter aus, es entstanden ein Heidegarten, ein Sondergarten für Heil- und Gewürzpflanzen, und der Steingarten vor dem Verwaltungsgebäude wurde neu gestaltet

Sommer im Rosengarten I1989

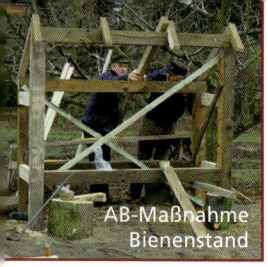
AB-Maßnahme Bienenstand

Bau des Wintergartens | 1988

Altes und neues Wirtschaftsgebäude | 1982

Die Obstlagerung und Vermarktung wurde durch den Bau des Wirtschaftsgebäudes 1982 deutlich verbessert. Ein neuer Verkaufsraum und ein Kühllagerraum standen von nun an zur Verfügung. Außerdem ging Hermann Greiwes lang gehegter Wunsch nach einem Gewächshaus in Erfüllung, die Anzucht der einjährigen Beetpflanzen wurde damit sehr viel komfortabler. Das Glashaus bietet zudem Platz, um mediterrane und subtropische Kübelpflanzen zu überwintern. Seitdem ziehen jedes Jahr im November die Fuchsien und *Agapanthus* in ihr gläsernes Winterquartier.

Durch diese baulichen Veränderungen konnte weiterhin eine zeitgemäße Lehrlingsausbildung sichergestellt werden, und der Garten wurde als Lehr- und Schaugarten attraktiver. Im Frühjahr und Sommer 1982 wurden beispielsweise 47 Besuchergruppen durch den Garten geführt, und auch die winterlichen Schnittkurse erfreuten sich größter Beliebtheit.

Vertikaler Garten | 1985

Beginn der Kübelpflanzensammlung | 1983

1976 bis 1989

Das künftige Kötterhaus auf dem Hof Palstering in Hollich | 1984

Bauabschnitt | 1985

Der „Kotten" wird seitdem für Tagungen, Sitzungen und Fortbildungsveranstaltungen genutzt. Das umfangreiche Veranstaltungsprogramm des Lehrgartens wäre ohne die urige Räumlichkeit nicht denkbar. Nach einem geführten Rundgang durch den Kreislehrgarten kehren Besucher gern zu einer Tasse Kaffee oder einem kleinen Imbiss in das Bauernhaus ein. Beliebt ist das Kötterhaus auch als außerstandesamtliches Trauzimmer. Seit 2005 geben sich Hochzeitspaare hier ihr Jawort.

Im Rahmen einer sogenannten Arbeitsbeschaffungsmaßnahme (ABM) wurde 1985 das Kötterhaus in der Burgsteinfurter Bauernschaft Hollich niedergelegt und in den Kreislehrgarten umgesetzt. Zwölf Handwerker waren mit dem Wiederaufbau des Fachwerkhauses beschäftigt. Anlässlich der 21. Steinfurter Gartentage konnte das Kötterhaus am 14. Juli 1986 eingeweiht werden.

Oberkreisdirektor Dr. Hoffschulte eröffnete die Gartentage mit den Worten: „Ich freue mich, dass ich Sie in diesem Jahr hier im Kötterhaus und nicht wie in sonstigen Jahren im Sitzungssaal des Rathauses begrüßen kann."

Hermann Greiwe überreicht ein Neujahrskucheneisen an OKD Dr. Heinrich Hoffschulte anlässlich des Jubiläums „75 Jahre Kreislehrgarten" 1989.

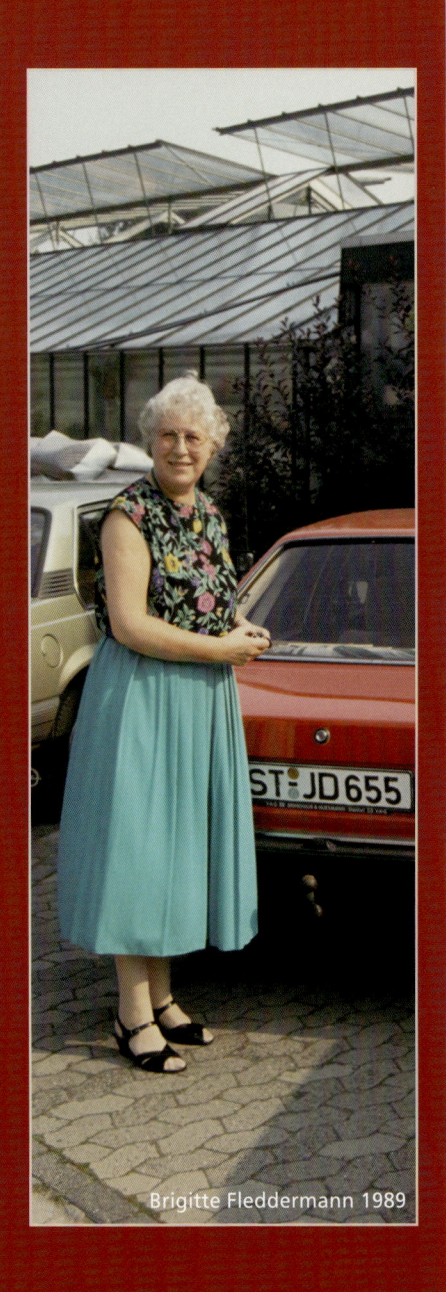

Hermann Greiwe engagierte sich auch als 1. Vorsitzende bei den Garten- und Blumenfreunde Burgsteinfurt. Zusammen mit Brigitte Fleddermann hat er die Geschicke des Vereins über 50 Jahre lang gelenkt. Brigitte Fleddermann war als Sekretärin von 1956 bis 1997 beim Landesverband der Gartenbauvereine beschäftigt. Die Geschäftsstelle des Landesverbandes befindet sich seit 1951 im Kreislehrgarten. Frau Fleddermann hatte zudem auch die Büroarbeiten für den Lehrgarten übernommen.

Sehr gerne halfen regelmäßig einige Mitglieder aus dem Verein der Garten- und Blumenfreunde in den Sommermonaten bei der Beetpflege im Kreislehrgarten. Schließlich sollte sich der Garten von seiner besten Seite zeigen, wenn die Teilnehmer aus der gesamten Republik zu den „Steinfurter Gartentagen" anreisten.

Brigitte Fleddermann 1989

Verein der Garten- und Blumenfreunde im Einsatz 1989

1976 bis 1989

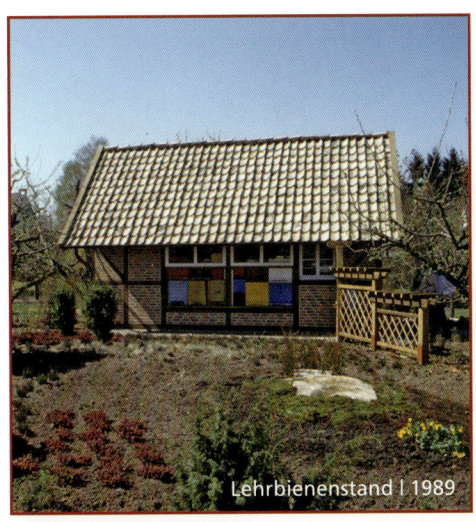

Lehrbienenstand | 1989

Gärtnerteam im Sommer | 1986

Nach 43 Dienstjahren im Kreislehrgarten wurde Hermann Greiwe im Februar 1989 pensioniert. Doch auch im Ruhestand betreute er den Lehrbienenstand weiter und führte Besuchergruppen durch den Garten. Wann immer es seine Zeit erlaubte, hielt er die Entwicklungen im Kreislehrgarten mit seiner Spiegelreflexkamera fest.

Hermann Greiwe starb am 23. Oktober 2008.

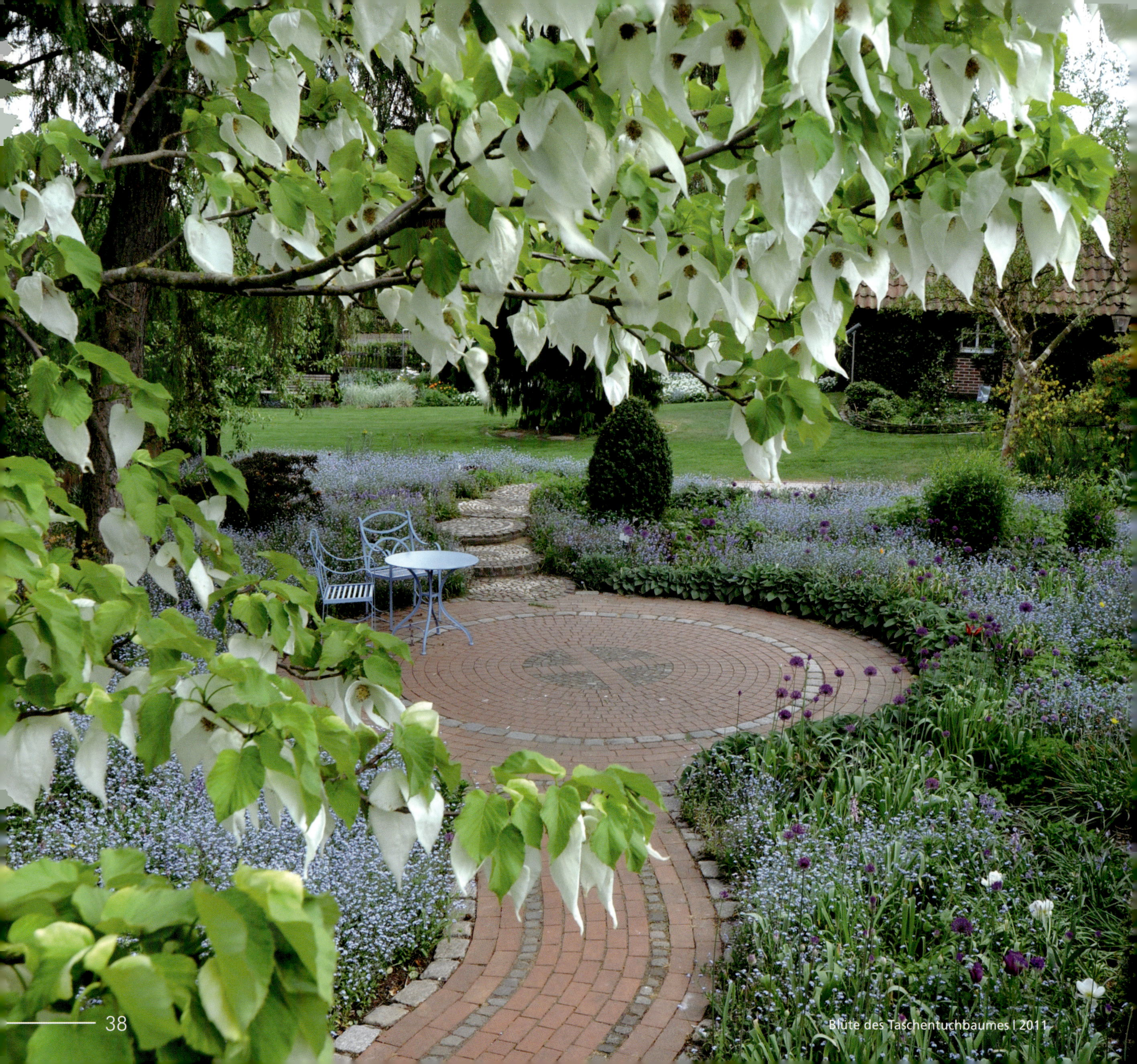

Blüte des Taschentuchbaumes | 2011

Der vierte Gartenleiter Klaus Krohme

1989 bis heute

Das Gärtnern war Klaus Krohme von klein auf vertraut: Schon als Kind half er seinen Eltern oft im rund 1000 Quadratmeter großen Gemüsegarten, in dem es so einiges zu hegen und zu pflegen gab. Besonders geliebt hat der gebürtige Steinfurter die Gartenarbeit zu der Zeit allerdings nicht gerade. Viel spannender fand er es, seinem Onkel Hermann Greiwe beim Imkern zuzuschauen.

Nach der Mittleren Reife wollte Klaus Krohme zunächst Krankenpfleger werden, fand aber keine Lehrstelle. Also erkundigte er sich bei seinem Onkel Hermann – seinerzeit Leiter des Kreislehrgartens – über den Gärtnerberuf. 1980 waren zwei Ausbildungsplätze zum Gärtner in der Fachrichtung Obstbau im Kreislehrgarten frei, eine davon belegte der junge Naturfreund ab dem 1. August.

Nach zwei Jahren Lehrzeit bestand er seine Gesellenprüfung und sammelte erst einmal Erfahrungen in einer großen Baumschule in Münster. In dieser Zeit erwachte bei dem jungen Gärtner das Interesse besonders an der Dendrologie. Am 1. Juni 1986 führte ihn sein Weg wieder zurück nach Steinfurt in den Kreislehrgarten. Vom Herbst 1986 bis zum Sommer 1987 besuchte Klaus Krohme die Meisterschule in Münster, die er mit gutem Erfolg absolvierte. Bereits im Alter von 23 Jahren bekam er seinen Meisterbrief ausgehändigt.

Im Kreislehrgarten gab es zu dieser Zeit etliche Veränderungen und Modernisierungen. Mit dem damaligen Oberkreisdirektor Dr. Hoffschulte hatte der Garten einen wichtigen Befürworter gefunden, mit dessen Unterstützung viele Ideen und Anregungen zügig umgesetzt werden konnten. Etwa das Schaubienenhaus im Obstgarten, in dem vor allem Kinder geschützt durch große Sichtfenster dem Imker bei der Arbeit zuschauen können. 1988 wurde das Projekt „Lehrbienenstand" realisiert, die Planungsmitentscheidung gehörte zu Klaus Krohmes ersten Hauptaufgaben.

Schon bald übernahm der junge Hobby-Imker die Imkerei im Kreislehrgarten und ist bis heute dafür zuständig. Das nötige Know-how eignete sich Klaus Krohme auf der Imkerschule in Bottrop-Kirchhellen an. Seitdem erhalten jedes Jahr zahlreiche Kindergartenkinder einen spannenden und informativen Einblick in das Leben der Honigbiene. Staunend beobachten kleine und große Lehrgartenbesucher das geordnete Gewusel im Bienenvolk und haben meist auch einmal die Ehre, sogar deren Königin kennenzulernen.

Nach der Pensionierung von Hermann Greiwe übernahm Klaus Krohme am 1. Februar 1989 die Gartenleitung.

Hermann Greiwe 1988 vor dem alten Bienenhaus

Bienenhaus | 2011

1989 bis heute

Der Wandel zum naturnahen Gärtnern erreichte auch Steinfurt. 1991 wurde im Rahmen einer AB-Maßnahme der Biologisch-ökologische Lehrpfad mithilfe einer Biologin errichtet. Es war und ist ein besonderes Anliegen des engagierten Leiters, robuste Pflanzen standortgerecht einzusetzen, die ohne chemische Pflanzenschutzmittel auskommen. Beispielsweise wurde das Rosensortiment ständig erweitert, neue gesunde Sorten ersetzen die dauerhaft kränkelnden.

Die große, einwöchige Fuchsien-Ausstellung im Juli 1992 traf das Herz der Hobbygärtner und war mit 15 000 Besuchern ein großer Erfolg. Im Oktober 1992 öffneten sich die Tore des Kötterhauses für die erste große Obstsortenausstellung. Die Resonanz war riesig, und es folgten weitere Obstausstellungen. Das Interesse der Hobbygärtner war und ist ungebrochen, der Informationsbedarf zum Thema Gärtnern sehr hoch. Die lokalen Zeitungen und auch der Hörfunk berichten immer wieder gern über den Lehrgarten und bringen Tipps und aktuelle Themen für die Hobbygärtner.

Für Besuchergruppen gab und gibt es zahlreiche geführte Rundgänge durch den Garten. Dem wachsenden Interesse und der großen Nachfrage nach Gartenseminaren oder Workshops kommt das neue Veranstaltungsprogramm, das der Kreislehrgarten seit 1994 herausgibt, entgegen. Ob Nachmittagskurse, Tages- oder Wochenendseminare: Die Teilnehmer reisen aus ganz Deutschland an und nehmen begeistert eine Fülle an Informationen für den eigenen Garten mit nach Hause.

Sortenkenner unter sich bei der Obstausstellung I 1996: Hermann Greiwe, Felix Völker (KLG Horneburg) und Wilfried Müller (Pomologenverein)

Hölicher Kindergarten zu Besuch I 2011

Klaus Krohme:

„Ich wünsche mir eine Gesellschaft, die den unschätzbaren Wert des Gartens erkennt und bereit ist, auch weiterhin dafür die Kosten mitzutragen!"

Weitere Medien wurden auf den Kreislehrgarten aufmerksam – so entstand ab 1995 eine erfolgreiche Zusammenarbeit mit der Gartenzeitschrift „FLORA". Das ZDF produzierte zwischen 1995 und 2000 die Beiträge für die Gartensendung „Grün & Bunt" im Kreislehrgarten. Die „Lokalzeit" des WDR nutzt gern die blumige Umgebung für Moderationen, und schließlich war das Filmteam der „Servicezeit Wohnen und Garten" ein dankbarer Gast und drehte in Steinfurt zahlreiche informative Beiträge für Gartenbesitzer. Klaus Krohme war und ist ein gern gesehener und kompetenter Gartenfachmann vor der Kamera und versteht es, sein grünes Wissen gekonnt an die Zuhörer weiterzugeben.

Klaus Krohme hat den Lehrgarten geschickt durch Zeiten gesteuert, in denen einerseits das Geld in den Kommunen immer knapper geworden ist, andererseits das Interesse am Gärtnern bei vielen Menschen enorm zugenommen hat und auch immer bedeutungsvoller wird. Durch die fortschrittliche Präsenz in den Medien ist der Garten über die Grenzen hinaus als hochgeschätzte Anlaufstelle für alle Garteninteressierte bekannt, die Besucherzahlen steigen stetig.

Dreharbeiten zur „Servicezeit" | 2007

Seminar „Wege zum Traumgarten" | 2008

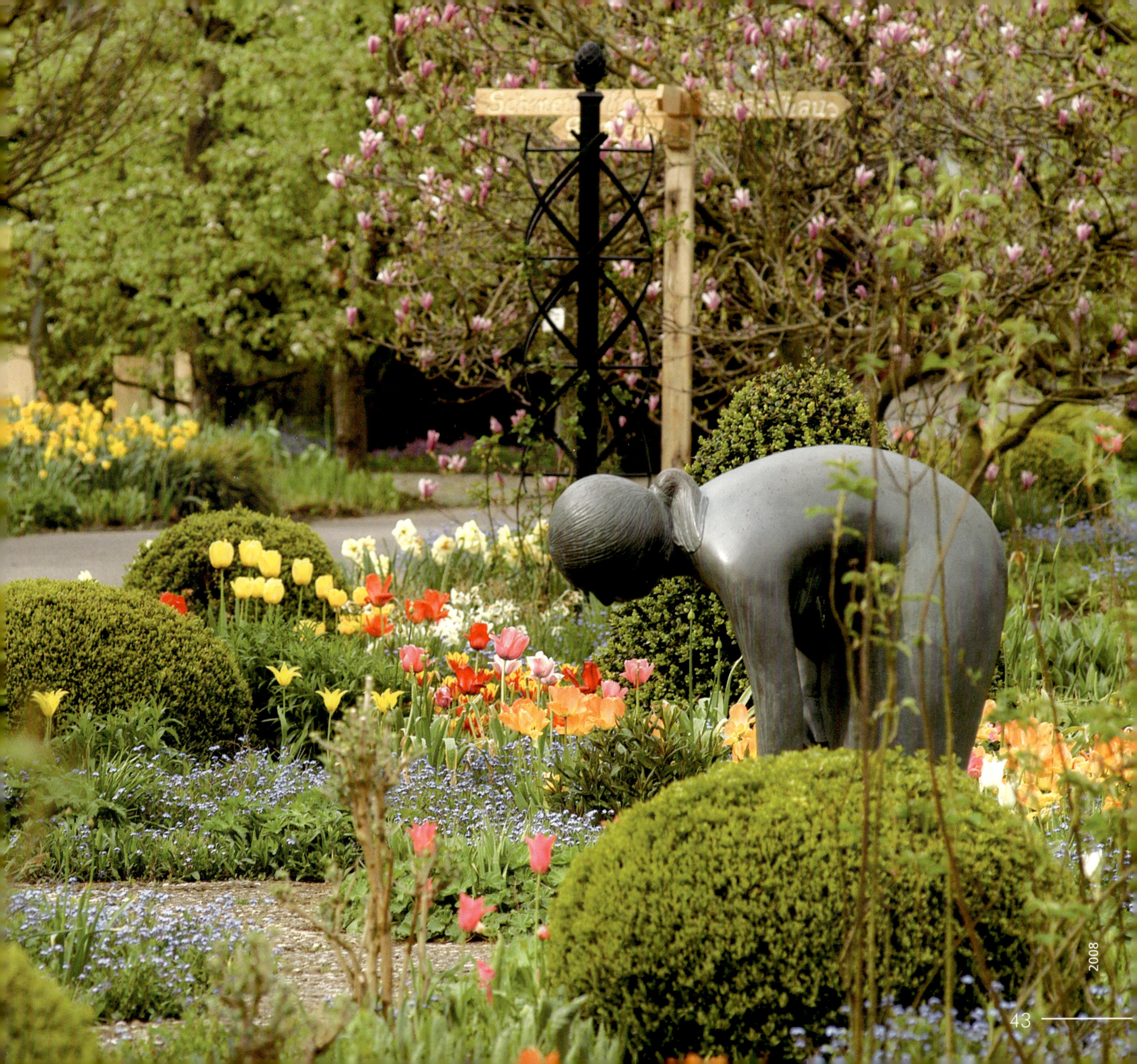

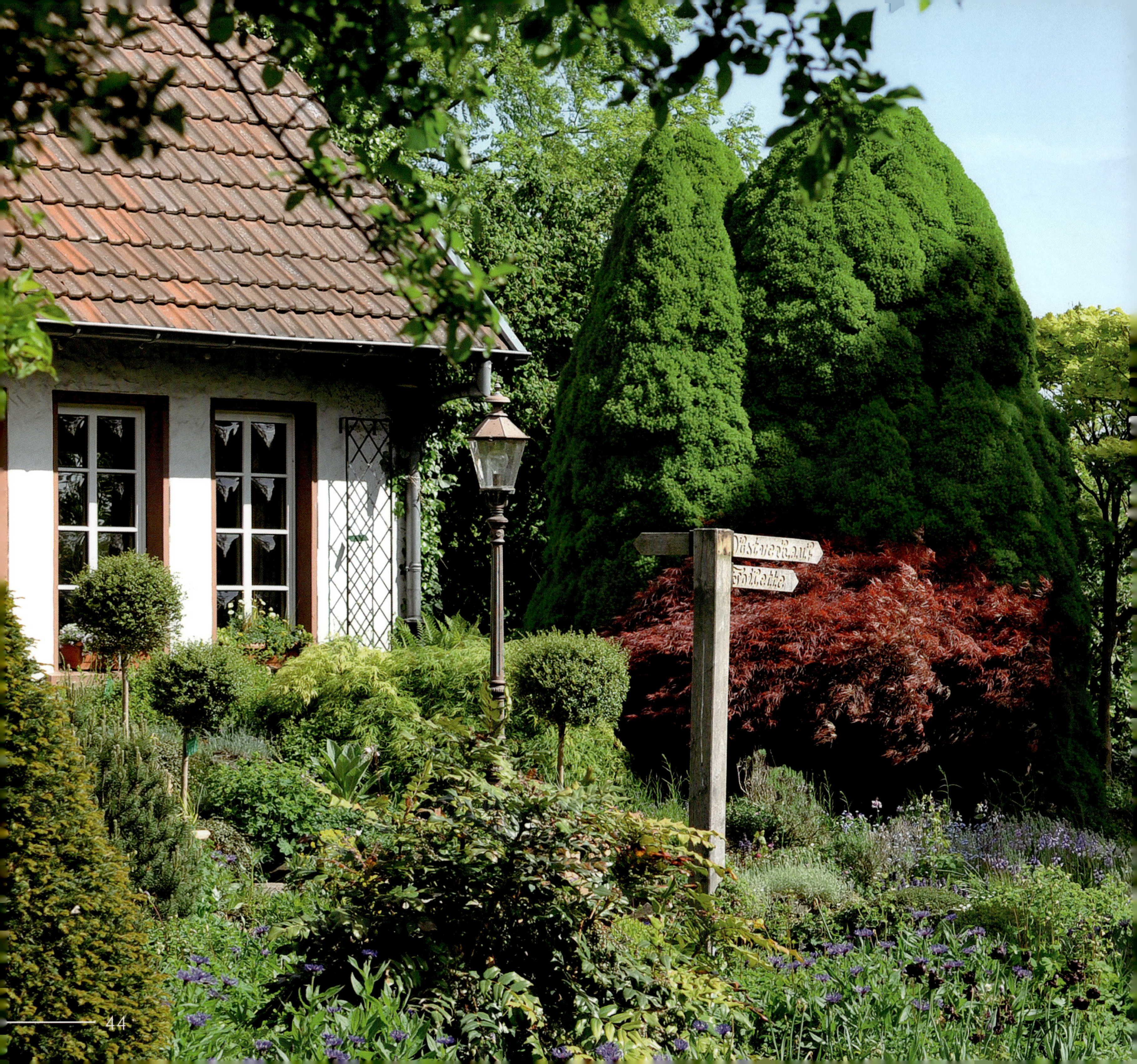

Der Garten

Gartenbauverein Lengerich besucht den Lehrgarten | 1958

Verwaltungsgebäude | 2005

Frühbeete, Gewächshaus | 1985

Erdbeerpflanzen und Sauerkirschen-Halbstämme

Gegründet als Beispielwirtschaft für Obst- und Gemüsebau hat sich in 100 Jahren der heutige Kreislehrgarten entwickelt. Die vielfältige Pflanzensammlung ist aus einem reinen Nutzgarten mit Gemüse und Obst entstanden. Zunächst wurden auf einer Fläche von etwa drei Hektar Kartoffeln, Bohnen und anderes Feldgemüse angebaut. Erst 1920 standen die notwendigen Finanzmittel für den Kauf von Obstbäumen zur Verfügung. Pflanzweiten von 12 bis 15 Metern zwischen den Bäumen machten die Doppelnutzung der Flächen möglich: für den Gemüseanbau oder als Weide. Auch nach dem Zweiten Weltkrieg wurde das Obstsortiment des Lehrgartens kontinuierlich erweitert und die einzelnen Sorten auf Anbauwürdigkeit überprüft. So führte ein Kälteeinbruch im Spätwinter 1956 zu interessanten Beobachtungen bezüglich der Frosthärte einzelner Edelsorten. 1957 wurde ein neues Sortiment Erdbeeren und Schwarze Johannisbeeren angepflanzt, und ein Jahr später folgten Sauerkirschen.

Der Garten

2005

Die ersten Schmuckgärten entstanden rund um das 1949 errichtete Verwaltungsgebäude. Es wurde ein Steingarten gestaltet, und der Weg zum Büroeingang führte durch großzügige Rasenflächen. Pfitzer-Wacholder und Omorika-Fichten wurden gern als wintergrüne Koniferen verwendet. Selbst Moorbeetpflanzen wie Rhododendron zierten die Beete im Lehrgarten. 1959 kam ein Heidegarten hinzu und die Ziergehölzsammlung wurde zu Lasten der Obstbaumfläche erweitert.

Anfang der 1980er Jahre wurde die Fläche für Obst dann bis auf 50 Prozent des Gartens verringert. Gemüse spielte in der Anbauplanung des Kreislehrgartens damals kaum noch eine Rolle, dafür erreichte der Ziergarten eine Größe von 15000 Quadratmetern. Kräutergarten, Hügelgarten, Stauden- und Rosensortimente sowie die Teiche fanden großes Interesse bei den Besuchern. 1982 wurde ein Gewächshaus gebaut. Seitdem ist es möglich, mediterrane und subtropische Pflanzen zu überwintern und in den Sommermonaten als Kübelpflanzen zu präsentieren.

Nashiblüte | April 2011

Der Obstgarten

Heidelbeere

Obstausstellung

Nashi 'Kumoi'

Eine beachtliche Vielfalt an Sorten auf kleinstem Raum zeichnet die Obstquartiere des Lehrgartens aus. Hier sind 93 Apfel- und 70 Birnensorten zu bestaunen. Die Größe des Obstgartens umfasst 16000 Quadratmeter. Etwa 60 Prozent sind den Äpfeln vorbehalten, das Birnensortiment macht 15 Prozent der Obstquartiere aus. Die restliche Fläche teilen sich 28 Pflaumensorten, 30 Sorten Beerenobst, Nashis, Kirschen, Quitten, Maronen und Walnüsse.

Bei der Sortenwahl werden die für die Lehrlingsausbildung wichtigen Profisorten wie 'Collina' oder 'Mairac' berücksichtigt. Es werden weiterhin historische Züchtungen für Hausgarten oder Obstwiesen angebaut. So sind 'Graue Herbstrenette', 'Dülmener Rosenapfel' und 'Boskoop' nach wie vor empfehlenswert. Geschmack und Robustheit der zu prüfenden Obstsorten spielen eine wichtige Rolle. Von den neueren Apfelsorten haben sich 'Topaz' und 'Rubinola' für den Anbau im Hausgarten etabliert. Das Sortiment unterliegt einem ständigen Wandel, da zum einen neue Sorten auf den Markt drängen und zum anderen ältere Sorten ihre Robustheit verlieren und krankheitsanfällig werden.

Die 'Vereinsdechantsbirne' zählt immer noch zu den leckersten Birnensorten im Kreislehrgarten.

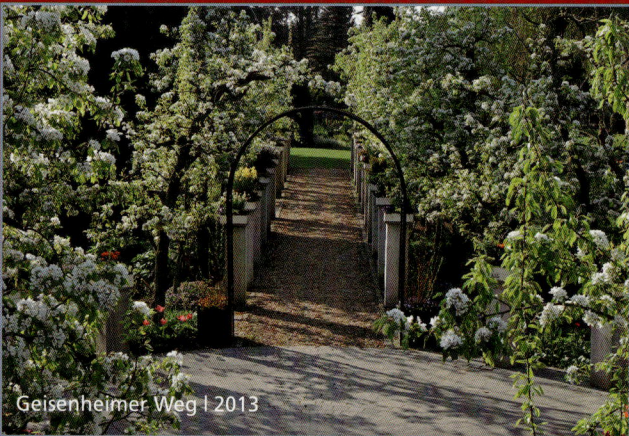

Verkaufsraum | 2011

Geisenheimer Weg | 2013

Indianer-Banane 'Prima'

> **Sortentipp:**
>
> Der Verzehr von Äpfeln wird für immer mehr Obstfans zur Qual. Sie leiden häufig an einer Kreuzallergie mit dem Blütenstaub von Hasel, Birke und Hainbuche. Dabei gibt es die für Allergiker geeigneten Sorten: 'Prinz Albrecht von Preußen' und 'Santana'.

'Santana' 'Prinz Albrecht von Preußen'

Die komplette Ernte wird ausschließlich im eigenen Hofladen vermarktet. Bereits im Juni beginnt die Beerenobst- und Kirschernte. Ende Juli folgen dann die ersten Apfel- und Birnensorten. Für die optimale Lagerung der Früchte steht ein Kühlraum zur Verfügung, in dem bis in die Wintermonate das Obst gelagert werden kann. Die durchschnittliche Jahresernte beträgt 15 Tonnen Äpfel und 7 Tonnen Birnen.

Bereits 1948 wurde die Birnenallee „Geisenheimer Weg" gepflanzt, benannt nach der Lehr- und Versuchsanstalt in Geisenheim bei Wiesbaden. Aus den auf einer schwach wachsenden Quittenunterlage veredelten Birnenbüschen hat sich im Laufe von Jahrzehnten eine eindrucksvolle Allee entwickelt. Als Wegeachse führt sie aus dem Obstgarten in den Zierpflanzenbereich und dient im Sommer als Schattenspender für die Fuchsiensammlung.

Es kommt nur selten vor, dass eine komplett neue Obstart für den Anbau in Deutschland entdeckt wird. Zuletzt geschehen mit der Indianer-Banane, auch Paw-Paw genannt. Seit 2009 wachsen im Lehrgarten die Sorten 'Prima' und 'Sunflower' dieses Obstgehölzes aus dem Osten der USA. 2012 hatten die kleinen Bäume erstmals einen guten Fruchtansatz, Mitte Oktober wurde geerntet. *Asimina triloba*, wie die Botaniker die Paw-Paw nennen, wird in Europa erst seit wenigen Jahren von Baumschulen angeboten, daher gibt es kaum Erfahrungen zu Erntezeitpunkt, Fruchteigenschaften und Wuchsstärke dieses Obstgehölzes.
Das Fruchtfleisch ist weich und cremig und hat einen Geschmack wie eine Mischung aus Banane, Ananas und Mango, alles in allem fruchtig und süß.

> **Praxistipp:**
>
> **Früchte optimal lagern**
>
> Damit Äpfel und Birnen nicht zu schnell nachreifen und schön saftig bleiben, lagert man sie kühl und feucht. Kleinere Obstmengen werden im Kühlschrank aufbewahrt, größere in Kisten an einem kühlen, schattigen Platz wie Gartenhaus, Garage oder Kellereingang.

Jährliche Kompostgabe im Obstgarten | links Birnen-Spindelbüsche, rechts Birnen-Spaliere | 2011

Das Obstsortiment im Lehrgarten wurde in den vergangenen 100 Jahren immer größer, aber die Wuchshöhe der Obstbäume hat deutlich abgenommen. Zu Anfang wurden fast ausschließlich stark wüchsige Obstbäume gewählt, die im Laufe der Jahrzehnte bis zu 12 Meter Kronendurchmesser erreichten.

Nach dem Zweiten Weltkrieg waren kleinere Bäume mit 5 bis 6 Metern sehr beliebt. Als Halbstamm mit etwa 1 Meter Stammlänge gepflanzt, ermöglichen sie noch eine gute Bodenbearbeitung oder Rasenpflege unterhalb der Krone. Seit etwa 25 Jahren werden Obstbüsche auf schwach wachsenden Unterlagen bevorzugt. Bei den Äpfeln ist es zum Beispiel die Unterlage 'M9', die dafür sorgt, dass der Baum eine Höhe von maximal 2,50 Meter erreicht.

Bei den Birnenbüschen wird die Unterlage Quitte 'BA 29' verwendet. Die Bäume werden etwa 4 Meter hoch bei nur 2 Meter Kronendurchmesser. Aber es geht auch noch kleiner: Viele Birnensorten werden als Spalier gezogen mithilfe von waagerecht gespannten Drähten im Abstand von 50 Zentimetern entwickeln sich kunstvolle Kronenformen. Sie eignen sich sehr gut für Heckenpflanzungen oder Wandbegrünungen.

Wie alle Obstgehölze benötigt auch das Spalierobst einen fachgerechten Schnitt. Das notwendige Know-how wird in den jährlichen Sommer- und Winterschnittkursen im Lehrgarten vermittelt.

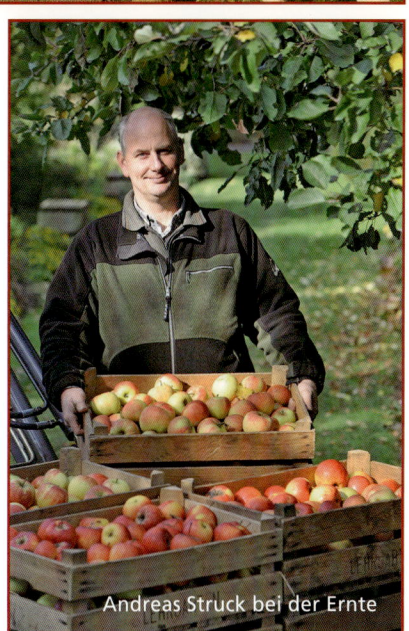

Andreas Struck bei der Ernte

Edelgamander

Der Bauerngarten nach der Buchsbaumsanierung 2010

52

Bauerngarten

Praxistipp:

Ersatz für Buchsbaum

Vor allem der Pilz *Cylindrocladium buxicola* hat viele Buchsbaumeinfassungen zum Absterben gebracht. Da eine Bekämpfung fast unmöglich ist, sollte vorläufig kein Buchsbaum gepflanzt werden. Im Kreislehrgarten wurde ein Edelgamander, *Teucrium x lucidrys*, als Ersatz gewählt; für Sandböden ist auch der Berg-Ilex, *Ilex crenata*, eine Alternative.

Denken wir an einen Bauerngarten, so haben wir ein klares Bild vor Augen, wie dieser aussehen soll: Die Fläche ist in vier Teile geteilt mit einem Wegekreuz in der Mitte und einer Buchsbaumeinfassung rings um die einzelnen Beete. Im Zentrum befindet sich ein Rondell mit blühenden Stauden oder Rosen, und der ganze Gartenbereich wird von einer Rotbuchenhecke eingefasst. Diesem Ideal entsprechend legten die Gärtner im Kreislehrgarten den Bauerngarten 1995 an und bestückten ihn seither mit allerlei verschiedenen Gemüsepflanzen. Eine gravierende Veränderung gab es im Jahr 2009, als eine aggressive Pilzkrankheit der Buchseinfassung so stark zusetzte, dass die Pflanzen schließlich abstarben. Sie wurden zunächst durch den Berg-Ilex, *Ilex crenata*, ersetzt, der sich aber auf dem schweren Lehmboden überhaupt nicht wohlfühlte. Heute umrahmt Edelgamander, *Teucrium x lucidrys*, die Beete.

Der Name Bauerngarten lässt vermuten, dass dieser Gartenstil seinen Ursprung auf Bauernhöfen hat. Wie die Gärten der Bauern früher tatsächlich ausgesehen haben, ist leider nicht mehr nachzuvollziehen, da es darüber keine genauen Aufzeichnungen gibt. Erfinder und Namensgeber dieser Gartenform ist wohl Alfred Lichtwark (1852–1914), ein Direktor der Hamburger Kunsthalle, der etwa 1913 einen formal gestalteten Bauerngarten im Botanischen Garten Hamburg anlegte. Das Wegekreuz hat seinen Ursprung jedoch bereits in den Klostergärten.

Bärlauch

Minzen auf Nasenhöhe
Die mit 40 verschiedenen Sorten bestückte Minze-Treppe versetzt die Besucher in einen wahren Duftrausch. Hätten Sie gedacht, dass es Minzen gibt, die nach Bananen oder Erdbeeren riechen? Augen zu, Nase auf – und rein ins Duftvergnügen!

Kräutergarten

Die Aroma-Akrobaten

Ätherische Öle, Gerb- und Farbstoffe sowie weitere Inhaltsstoffe dienen den Kräuterpflanzen eigentlich zur Abwehr hungriger Fressfeinde, die sich an Blättern und Blüten gütlich tun wollen. Wir hegen und pflegen diese besondere Pflanzengruppe, weil wir ihr Aroma und ihre Würze in der Küche und ihre Heilkraft in der Hausapotheke schätzen. Im Kreislehrgarten gibt es einen 120 Quadratmeter großen Kräutergarten mit unterschiedlich gestalteten Beeten. Im Zentrum befindet sich die Kräuterspirale, eine schneckenhausförmig aufgebaute Trockenmauer aus Sandstein. Hier finden verschiedene Kräuter ihren idealen Standort. Die mediterranen Sonnenkinder wie Rosmarin, Lavendel und Salbei haben oben ihren Sonnenplatz, wo sie auch vor Staunässe geschützt sind. Weiter unten fühlen sich Bohnenkraut, Ysop und Edelraute wohl. In den umliegenden Beeten wachsen die etwas anspruchsloseren Kräuter wie Schnittlauch, Schnittknoblauch, Johanniskraut, Mönchspfeffer und Dost. Während des Sommers gesellen sich noch weitere, nicht winterharte Aroma-Spezialisten dazu, etwa Honigmelonensalbei, Südseeknoblauch, Kapuzinerkresse, Anis-Tagetes, Basilikum und Duftgeranien. Die Vielfalt im Kräutergarten ist riesengroß, hier gibt es reichlich zu schnuppern und zu probieren – was in diesem Gartenbereich durchaus erwünscht ist.

Trockenmauer aus heimischem Sandstein | 2012

2012

Gourmetrose 'Rose de Resht' – ein Geheimtipp

Gärtnerin Angelika Laumann: „Bei mir kommen nur Duftrosen in den Garten und schließlich auch auf den Teller. Die 'Rose de Resht' ist meine absolute Königin unter den Rosen. Der intensive Duft der feinen Blütenblätter bleibt auch im getrockneten Zustand lange erhalten. Damit verfeinere ich Tee oder gebe dem Apfelgelee eine blumige Note. Folglich habe ich bis weit in den Winter hinein meine rosige Freude!"

'Rose de Resht'

Kletterrose 'Veilchenblau'

Ziersalbei *Salvia nemorosa*

Sommerschnitt bei Rosarium Uetersen

Praxistipp:

Ziersalbei ist der bessere Lavendel

Pflanzen Sie immer noch Lavendel zu Rosen? Für kurze Zeit wächst er gut, doch schon bald wird der Lavendel holzig und blüht nur noch spärlich. Die Rosen benötigen einen humus- und nährstoffreichen Boden, Lavendel hingegen fühlt sich auf kargem, trockenen Boden wohl. Die Bedürfnisse der Pflanzen sind zu unterschiedlich! Der Kreislehrgarten hat beste Erfahrungen mit Ziersalbei gemacht. Sorten wie 'Viola Klose', 'Tänzerin' und 'Caradonna' umspielen die Rosen perfekt und fühlen sich in rosiger Gesellschaft sehr wohl. Wenn Verblühtes sofort abgeschnitten wird, trumpfen die robusten Blaublüher mit einem weiteren Blütenflor auf.

'Port Sunlight' 'Bassino' 'Lovely Meidiland'

Rosen

„Eine Rose ist eine Rose ist eine Rose"

Das sagte die Dichterin Gertrude Stein. Die Gärtnerinnen und Gärtner im Kreislehrgarten jedoch meinen, dass eine Rose noch viel mehr bietet, wenn sie mit passenden Stauden, Gräsern und Sommerblumen zusammengepflanzt wird. Im Kreislehrgarten sind mehr als 130 Rosensorten zu finden und beispielhaft kombiniert. Beetrosen werden bevorzugt in Gruppen gepflanzt, und die Strauchrosen finden ihre Bühne in den Staudenbeeten. Unverzagte Kletterkünstler sind die Ramblerrosen, sie haben hier fast unbegrenzte Freiheiten an Stämmen von hohen Bäumen. Ob Historische Rosen oder moderne Züchtungen – im Kreislehrgarten müssen alle ihr wahres Gesicht zeigen und sich ohne den Einsatz von Pflanzenschutzmitteln bewähren. Sorten, die gegen Pilzkrankheiten anfällig sind, werden rigoros entfernt und an selber Stelle durch neue ersetzt; ein Bodenaustausch macht das möglich.

Ja, Rosen mögen die Sonne, sie mögen aber keine stauende Hitze vor und an Hauswänden. Ideal ist ein windoffener Standort. Es gibt auch Sorten für den Halbschatten. Zudem beanspruchen die Stachelgewächse – Rosen haben keine Dornen – einen gewissen Raum nur für sich. Sie sollten daher nie zu dicht gepflanzt oder von anderen Pflanzen bedrängt werden.

Sollen die Rosen dauerhaft prächtig wachsen, müssen sie fachmännisch geschnitten werden. Wie das geht? Beim Schnittkurs für Ziergehölze, der jährlich im März angeboten wird, gibt es genaue Auskunft über den richtigen Schnitt für die jeweiligen Rosengruppen.

'Marie Lisa' mit unbekannter Schönheit

Praxistipp:

Gräser im Frühjahr schneiden

Der Kreislehrgarten empfiehlt, Gräser erst im Frühjahr zurückzuschneiden. Auch zum Pflanzen und Teilen ist von April bis Mai die beste Zeit. Im erwärmten Boden wachsen sie dann schnell wieder zu filigranen Kunstwerken heran.

Stauden

Von robusten Alleskönnern und kurzlebigen Einzelkämpfern

Zu den Stauden gehören alle krautigen Pflanzen, die im Boden überwintern und jedes Jahr neu austreiben – eigentlich. Aber es gibt große Unterschiede. So gedeiht der Frauenmantel jedes Jahr üppiger, als es den Gärtnern recht ist, die Pfingstrosen, die bereits 1974 gepflanzt worden sind, blühen treu jedes Jahr wieder. Der Rittersporn dagegen ist gar nicht so ritterlich und gibt meist nur ein kurzes Gastspiel. Er verschwindet nach wenigen Jahren einfach. Ebenso der hübsche Sonnenhut, der auch bei den Schmetterlingen sehr beliebt ist. Er floriert einige Jahre wunderbar, und dann nimmt er seinen Hut und geht. Trotzdem ist der Sonnenhut absolut lohnenswert und im Kreisgarten reichlich zu finden.
Es gibt eine Vielzahl von Staudenarten für jeden Standort. Im Kreislehrgarten werden gern neue Züchtungen gepflanzt und auf Wuchsverhalten und Blühfreude getestet. Eine recht neue Gartenstaude ist das Australische Staudenveilchen *Viola hederacea* 'Columbine'. Dieser Dauerblüher imponiert mit seiner Fülle an blau-weißen Veilchenblüten und sorgt für Begeisterung bei den Gartenbesuchern.

Australische Staudenveilchen  | Roter Sonnenhut  | Federborstengras

Ein immer wiederkehrendes Problem an Stauden ist der Echte Mehltau. Im Kreislehrgarten werden die Stauden standortgerecht gepflanzt. Der Phlox beispielsweise fühlt sich als Waldrandpflanze im Halbschatten sehr wohl, auf trockenen und vollsonnigen Standorten ist der Echte Mehltau schon programmiert. Astern werden alle vier bis fünf Jahre aufgenommen, geteilt und nur die kräftigen, vitalen Horste werden neu gepflanzt. Die Staudenpflanzungen im Kreislehrgarten unterliegen immer einem gewissen Wandel und bleiben somit reizvoll und spannend.

Sehr im Trend sind Gräser. Sie haben ihren großen Auftritt im Herbst und bieten auch im Winter einen hübschen Anblick. Die Gräservielfalt ist groß. Dankbar sind die wintergrünen Japan-Seggen. Im Kreislehrgarten hat sich die weißbunte Sorte 'Ice Dance' bestens etabliert und wird gern als Wegbegleiter verwendet. Doch auch die sommergrünen Federborstengräser und das Diamantgras überzeugen mit ihren filigranen Halmen und den hübschen Blütenständen. Sie sind als schneckenresistente Dauergäste ein Muss auf den Beeten und bringen eine gewisse Leichtigkeit in die Rosen- und Staudenrabatten.

Praxistipp:

Freier Blick auf die Halme

Einige Sorten des Flachrohr-Bambusses (*Phyllostachys*) zeichnen sich durch besonders dekorative Halme aus. Bei stark wachsenden Sorten können sie bis zu 5 cm dick werden. Hier lohnt es sich, die Halme frei zu schneiden. Dazu werden nach dem Austrieb alle Seitentriebe bis auf Augenhöhe abgeschnitten.

Bambus

Phyllostachys aureosultata f. aureocaulis

Wenn Grashalme wie Bäume wachsen

Um unter haushohen Bambussen zu spazieren, muss man nicht bis nach Asien fahren. Auch in unseren Breitengraden wachsen einige Arten der botanisch den Gräsern zugeordneten Pflanzengattung sehr gut. Im Kreislehrgarten etwa gibt es 14 absolut winterfeste Sorten zu bestaunen. Die kleinste wird 40 Zentimeter hoch, und die größte erreicht bei uns gut sieben Meter. Dem Bambus wurde 2007 ein eigener 375 Quadratmeter großer Gartenbereich gewidmet. Diese durchaus wuchsfreudigen Immergrünen haben etliche Vorzüge. Sie lassen sich gestalterisch sehr abwechslungsreich einsetzen. Manche Sorten eignen sich wunderbar als blickdichte Hecke. Auch als imposante Solitäre oder im Kübel gepflanzt sorgen sie für ein bezauberndes Gartenbild. Gärtner teilen Bambus in zwei Gruppen: zum einen in die Horstbildenden, also die Standorttreuen, zum anderen in die Wandergesellen, deren meterlange Ausläufer unbedingt mit einer haltbaren Rhizomsperre in Schach gehalten werden sollten. Das Sortiment des Kreislehrgartens umfasst beide. Ein Spaziergang durch die Riesenhalme, wenn der Wind die unzähligen Blätter tanzen lässt, führt den Besucher in eine andere Welt.

'Windlebroke'

Praxistipp:

Richtig düngen

Agapanthus müssen nicht zwingend in einem kleinen Topf stehen, um zu blühen. Viel wichtiger ist die optimale Nährstoffversorgung nach der Blüte im August und eine Ruhezeit im Winter von 8 bis 10 Wochen. Hierbei sollten sie trocken und möglichst bei Temperaturen von 1 bis 5 Grad gehalten werden. Gedüngt wird während der Vegetationszeit mit einem Langzeitdünger.

Agapanthus

Wo die Liebe blau blüht

Die Heimat des *Agapanthus* ist Südafrika. Bei uns wird das imposant blühende Liliengewächs Liebesblume oder Schmucklilie genannt und gilt als eine der beliebtesten und wertvollsten Kübelpflanzen. Das Farbspiel der Blüten von kräftigem Blau über zartes Lila bis hin zu reinem Weiß lässt keine Wünsche offen. Die Doldenblüten tragen bis zu 250 Einzelblüten. Im Kreislehrgarten gibt es derzeit 40 Sorten, weltweit sollen es mehr als 500 sein.

Wir unterscheiden für die Pflege zwei Gruppen: die immergrünen Sorten, die im Winter ihr Laub behalten, und diejenigen, deren Laub zum Winter hin welkt und die als Wurzelrhizome überwintern. Ihre Blätter sind meist schmaler. Während die Immergrünen auch im Winter hell stehen müssen, können die Laubeinziehenden in den dunklen Keller. Sie vertragen zwar auch niedrigere Temperaturen, richtig winterhart sind sie jedoch nicht. Versuche im Kreislehrgarten, einige laubeinziehende Exemplare im Winter im Beet zu lassen, missglückten. Sorten, die ihr Laub auch im Winter behalten, mögen überhaupt keine Minusgrade. Das ist auch nicht verwunderlich, bedenkt man ihre Herkunft.

'White Heaven' — 'Northern Star' — 'Double Diamond'
'Charlotte' — 'Johanna Gärtner' — 'Himmelgras'

'Merlin'
'Valery' 
'Frilly Kitty' 
'Snow Frills' 
Helleborus nach einigen Jahren im Staudenbeet 
'Elly' 
'Charlotte' 
'Wintergold' 

64

Helleborus

Eine Pflanze, viele Namen

Zur Gattung *Helleborus* gehören 22 Arten, die bei uns unter verschiedenen Namen bekannt sind. Die Bezeichnung Nieswurz leitet sich vom früheren Gebrauch der Wurzel als Niespulver ab. Aufgrund der Giftigkeit der Pflanze ist davon allerdings dringend abzuraten! Der Name Schneerose erklärt sich von allein, denn ihre Blüten schaffen es sogar, eine Schneedecke zu durchbrechen. Christrosen heißen sie, weil sie ihre Blütenpracht um die Weihnachtszeit herum zeigen. Und wenn dann endlich der Frühling kommt, wird er passend von den Lenzrosen begrüßt. Im Kreislehrgarten gibt es ein breites Sortenspektrum an *Helleborus* zu bestaunen, das die Besucher mit einer wunderschönen Farben- und Formenvielfalt verblüfft.

Die Rose, die im Winter blüht, ist eine Besonderheit im Reich der Stauden. Ihren großen Auftritt im Gartenbeet hat *Helleborus*, wenn die meisten Stauden noch tief im Boden ruhen. Die „Winterrose" hat eine kluge Strategie entwickelt, um der Kälte zu trotzen und dennoch mit ihrer Blütenpracht zu strotzen. Bei Minusgraden verringert sie einfach den Druck des Zellsaftes, dann hängen die Blüten und Blätter schlapp herunter. Doch sobald es warm genug ist, steht die Pflanze wieder wie eine Eins stark und kräftig da.

Praxistipp:
Ein Platz im Halbschatten

Viele Sorten werden im Winter als blühende Topfpflanzen angeboten. Zum Ende des Winters können sie in die Beete gesetzt werden. Als Waldpflanze bevorzugt *Helleborus* einen halbschattigen Standort mit mäßig feuchtem, humosen Boden und ist kalkliebend. Nach der Ruhezeit im Sommer erscheinen im Winter neue, edle Blüten.

'Rachel'

'Purple Sensation'

Allium christophii

Allium schubertii

Iranlauch mit Akelei 'Nora Barlow'

Fruchtstände vom Chinesischen Schnittlauch *A. tuberosum*

Allium nigrum

rosa blühender Schnittlauch 'Forescate'

Allium

Von Stars und Sternchen

Zwiebeln und Lauch kennt jeder aus der Küche. Darüber hinaus gibt es zahlreiche, schöne Zierformen. Die enorme Vielfalt der Gattung *Allium* umfasst mehr als 800 Arten, einige der schönsten wachsen auch im Kreislehrgarten. Der früheste im Jahr ist der heimische Bärlauch, der wild vor allem in Buchenwäldern wächst. Für den Garten gibt es viele Zierformen. Alle haben ihren Ursprung in Zentralasien, wachsen auch bei uns sehr gut und bereichern die Gartenkulisse. Ob Himalaja-Riesenlauch, der bis zu 150 cm hoch wird, der robuste Kantenlauch oder der Schubertslauch mit seinen riesigen Wunderkerzen – jeder wartet mit einem Blütenspektakel aus zahlreichen kleinen Sternen auf. Auch der Fruchtstand nach der Blüte ist sehr dekorativ und sollte nicht zu früh abgeschnitten werden. Einige Arten wie *Allium aflatunense, A. nigrum, A. rosenbachianum* und *A. sphaerocephalon* vermehren sich gern und eignen sich zum Verwildern in naturnahen Gärten.

Nachdem der Zierlauch vor einigen Jahren auf vielen Gartenschauen zu bewundern war, hielt er nach und nach Einzug in die Hausgärten. Längst haben Gartenliebhaber und Hobbygärtner die Schönheit seiner Blütensterne entdeckt. Die Nachfrage steigt, und man muss im Herbst, wenn die Pflanzzeit beginnt und Zwiebeln angeboten werden, fix sein, denn die schönsten Sorten sind oft sehr schnell vergriffen.

Praxistipp:
Gute Gesellschafter

Ein kleiner Schönheitsfehler des Alliums ist das rasche Verwelken der Blätter schon zu Beginn der Blüte. Abhilfe schafft da die Kombination mit passenden Stauden. Das Laub beispielsweise von Funkien oder Storchschnabel überdeckt schnell die unschönen Blätter des Zierlauchs.

Weinberglauch 'Hair'

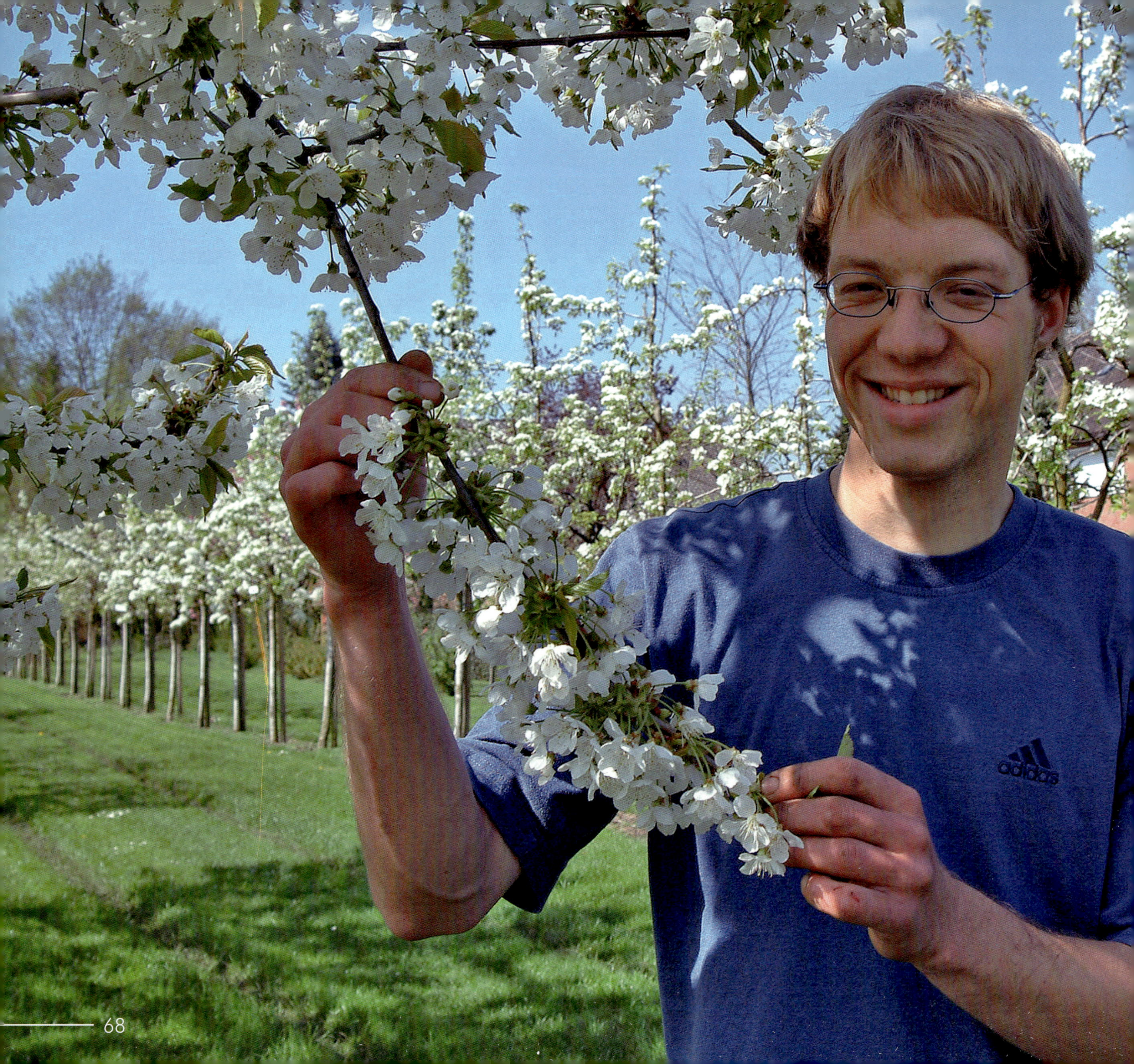

Aus- und Weiterbildung

Ausbildung | 1985

Jan Böwering | 2005

Rosenseminar | 2003

Baumwarte-Lehrgang 1950–1951

Hermann Greiwe, Ulrich Brüning und Reinhold Löcker | 1985

Von Anbeginn des Gartens haben die „Lehr-Gärtner" ihr Wissen an andere weitergegeben. So wurden bereits 1919 kostenlose Kurse über die Bekämpfung von Obstbaumschädlingen von Friedrich Mey für die Gemeinden Altenberge, Emsdetten, Ochtrup und Hollich veranstaltet. Sogar die Weiterbildung von Volksschullehrern im Fachbereich Obstbau zählte zu den Aufgaben des damaligen Gartenleiters. Es wurden allein 1924 auf Anregung des Ministers für Landwirtschaft, Domänen und Forsten 15 Lehrer in die Thematik der Obstveredelung und Baumanzucht eingewiesen. Zu der damaligen Zeit war an fast allen Landschulen ein Schulgarten mit einer kleinen Baumschule vorzufinden. Für den Pflanzenschutz auf den Obstwiesen und an den Obstalleen wurden spezielle „Spritzenführer" ausgebildet.

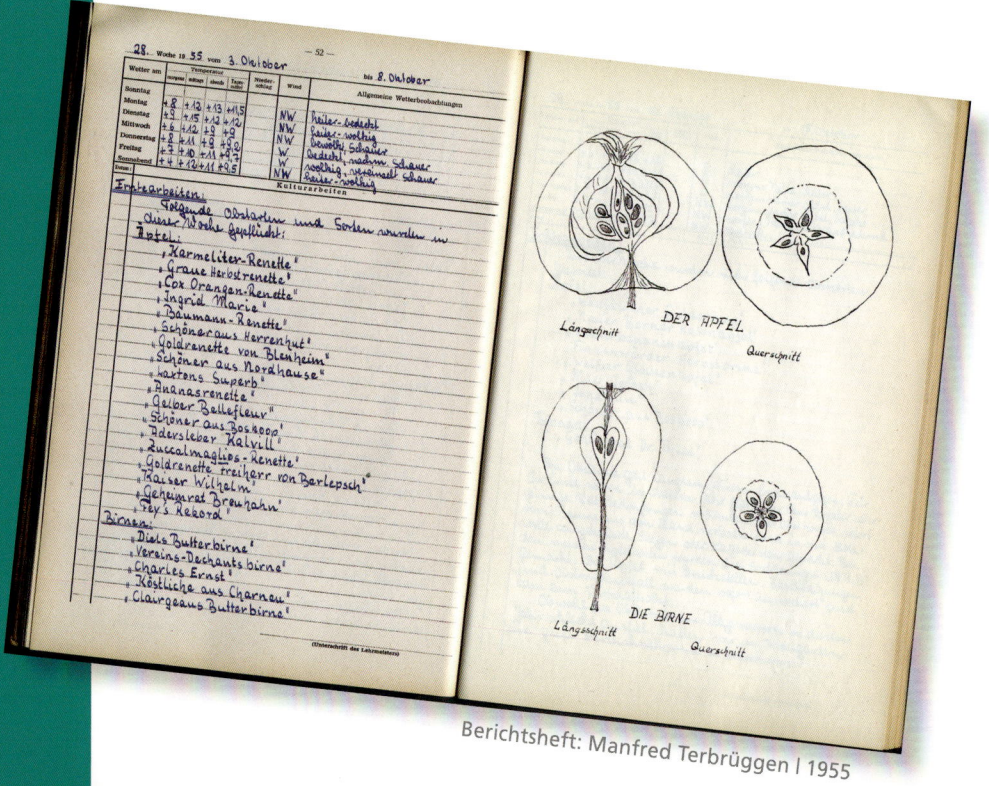

Berichtsheft: Manfred Terbrüggen | 1955

Aus- und Weiterbildung

Und was ist aus ihnen geworden?

Fritz: Weinbauberater im Vinschgau
Christel: Gartenbauunternehmerin
Bernd: Kokosplantagenbesitzer, Philippinen
Wilhelm: Oberlandwirtschaftsrat
Bernd: Obstbauberater in Westfalen
Petra: Landschaftsplanerin
Manfred: Gartenbauamtsrat
Barbara: Category Manager Bereich Garten
Nicole und Luisa: Floristinnen
Jan: Greenkeeper

1947 wurden die ersten Lehrlinge im Kreislehrgarten eingestellt. Seit fast 70 Jahren lernen hier die zukünftigen Gärtner das Veredeln, Kultivieren, Ernten und Vermarkten von Obst. Sie werden ebenso im Zierpflanzenbereich mit den Pflegearbeiten vertraut gemacht. Die vielseitigen Pflanzensortimente ermöglichen ein enormes Gärtnerwissen und verhelfen zu zahlreichen Pflanzenkenntnissen. Bis heute haben 73 Auszubildende den Beruf des Gärtners in der Fachrichtung Obstbau im Kreislehrgarten erlernt. Mit dem Bestehen der Gesellenprüfung endet für die „Junggärtner" die Lehrzeit im Kreislehrgarten. Viele der ehemaligen Auszubildenden blieben dem Gärtnerberuf treu, einige absolvierten ein Studium des Gartenbaus oder der Landschaftspflege.

Marius Bettmer | 2012

Alfred Bettmer | 1954

Marius Bettmer bei der Ernte im Lehrgarten – wie sein Großvater Alfred Bettmer

Erwin Schröer | 1968

Erwin Schröer | 2009

Andreas Struck und Florian Stücker | 2010

Das aktuelle Gärtnerteam des Lehrgartens hat auch seine Ausbildung hier erfahren: Andreas Struck 1985, Angelika Laumann 1990 und Florian Stücker 1998. Der Altgeselle Erwin Schröer schied 2009 nach 41 Jahren aus dem Dienst. Als Nachfolger wurde Florian Stücker eingestellt.

„Obstler" | 2011

Melanie Heins und Anja Finkmann beim Umveredeln | 1997

Aus- und Weiterbildung

Seit den ersten Baumpflanzungen im Lehrgarten sind Obstbaum-Schnittkurse fester Bestandteil im Seminarangebot für Freizeitgärtner. Erst waren es die „Baumwärter-Lehrgänge", später die Schnittkurse für Gartenbauvereine, die den Lehrgarten bis weit über die Kreisgrenzen hinaus bekannt machten.
Das Wochenseminar „Steinfurter Gartentage" wird zusammen mit dem Landesverband der Gartenbauvereine NRW e.V. seit 1965 veranstaltet. Gartenfreunde aus ganz Deutschland und den Niederlanden kommen zu diesem Anlass einmal jährlich nach Steinfurt. Das Kötterhaus als Vortragsraum und der Lehrgarten mit seinen vielfältigen Beetgestaltungen bieten die ideale Kulisse für die praxisnahen Seminare.

Das Seminarangebot wurde in den 1990er Jahren noch mal deutlich erweitert. In Zusammenarbeit mit der Zeitschrift „FLORA Garten" wurden auch mehrtägige Veranstaltungen konzipiert. Durch diese Kooperation entstanden viele Kontakte zu neuen Referenten, und der Kreislehrgarten wurde als „Bildungseinrichtung für Hobbygärtner" bundesweit bekannt.
Im Jahr 2008 wurde der Verein „Das Münsterland – Die Gärten und Parks" auf Initiative des Kreises Steinfurt ins Leben gerufen, um die münsterländischen Gärten und Parks zu erhalten, weiterzuentwickeln und touristisch zu erschließen. Auch der Kreislehrgarten hat sich dem Netzwerk angeschlossen und veröffentlicht sein Veranstaltungsangebot im jährlich erscheinenden Gartenkalender. Zum Start der Gartensaison gibt er einen Überblick über das facettenreiche Angebot in der Region: Führungen, Vorträge, Touren, Ausstellungen und Festivals bringen auswärtigen wie heimischen Besuchern die attraktive Park- und Gartenlandschaft des Münsterlandes nahe.

Teichseminar | 2002: Staudengärtner Hans-Joachim Wachter

Steinfurter Gartentage | 2009: Baumschulmeister Reinhard Bertels

OBSTLEHRGARTEN BURGSTEINFURT

M. 1:300

- ⊚ HOCH-HALBSTAMM
- ◎ BUSCHBAUM
- ○ SPINDELN
- · BEERENSTRÄUCHER
- --- HIMBEEREN-BROMBEEREN
- ▬ ÄPFEL
- ▬ BIRNEN
- ▬ SÜSSKIRSCHEN
- ▬ SAUERKIRSCHEN
- ▬ PFIRSICHE
- ▬ PFLAUMEN-ZWETSCHEN-RENEKLODEN-MIRABELLEN

BURGSTEINFURT, IM MAI 1956

Manfred Terbrüggen

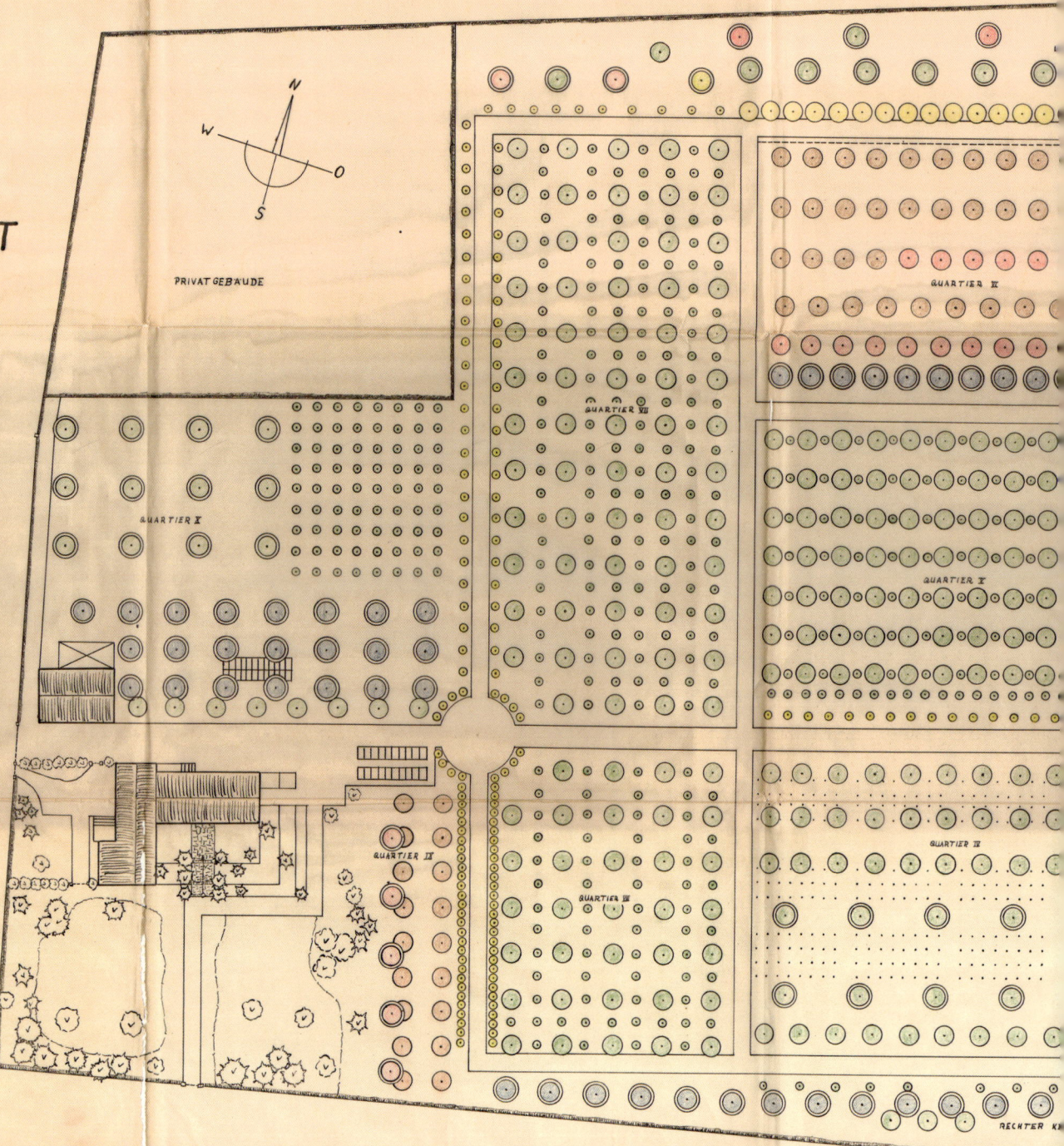

Aus dem Berichtsheft von Manfred Terbrüggen | 1956

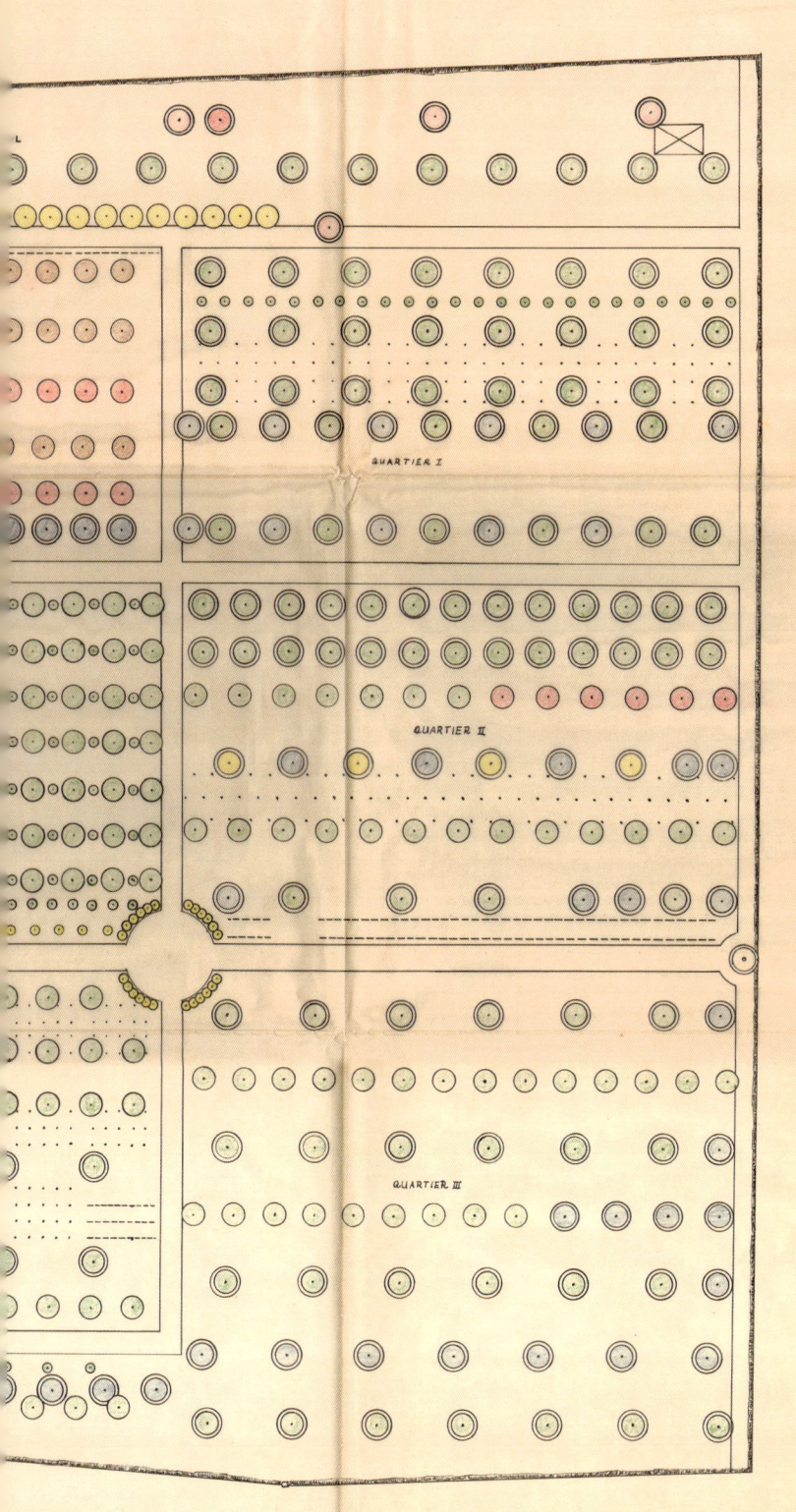

1954

1954

„Trompetenbaum & Geigenfeige"
Laura Höing Quintett | 2010

Veranstaltungen

Fuchsienausstellung | 2005

„Trompetenbaum & Geigenfeige"
Captain Jazz | 2008

Gartenkonzert | 2011
Männerchor Frohsinn, Steinfurt

Gartenkonzert | 1979

Gartenkonzert | 1979

1000 Noten – 1000 Blüten
Das Sommer-Highlight des Steinfurter Männerchors Frohsinn

Was kann schöner sein als ein Konzert unter freiem Himmel und inmitten von tausend Blüten? Das dachten sich wohl die Mitglieder des Steinfurter Männerchors Frohsinn und laden nun schon seit vielen Jahren in den Kreislehrgarten zum musikalischen Sommer-Highlight „1000 Noten – 1000 Blüten" ein. Bereits in den 1970er Jahren fanden die ersten Konzerte im Lehrgarten statt, veranstaltet von der Werbegemeinschaft im Heimatbund und vom Verkehrsverein Steinfurt. Viele Konzertbesucher genießen die wunderbare Atmosphäre im Garten und den Wettstreit der Sängerinnen und Sänger mit den vielen Singvögeln.

Trompetenbaum & Geigenfeige
Musik in Gärten und Parks im Münsterland

Seit 2008 gibt es die Konzertreihe „Trompetenbaum & Geigenfeige", zu der alljährlich die Kreise Borken, Coesfeld, Steinfurt und Warendorf mit der Stadt Münster einladen. Der Kreislehrgarten war von Beginn an dabei und auch 2009 und 2010 ein gut besuchter Gastgeber. Im Jubiläumsjahr 2014 wird das Eröffnungskonzert der Reihe im Kreislehrgarten stattfinden.

1992 – Das Jahr der Fuchsie

Mehr als 15 000 Besucher in zehn Tagen – so lautete das Fazit der großen Fuchsienausstellung 1992. Mithilfe der Fuchsienfreunde Münsterland wurden damals über 300 Sorten zusammengetragen und liebevoll in Szene gesetzt. Der Kreislehrgarten war ein wahres Blumenmeer aus Fuchsien. Der damalige Bauernpräsident Freiherr von Heereman eröffnete die Ausstellung zusammen mit Landrat Martin Stroot und Karl Strümper, dem Vorsitzenden der Deutschen Fuchsiengesellschaft. Freiherr von Heereman hatte sich für diesen Anlass bestens vorbereitet und verriet, dass seine Frau ihm morgens noch im eigenen Garten Fuchsien gezeigt habe, damit er wisse, wie diese überhaupt aussehen. Eine besondere Ehre wurde Dr. Alex Rolinck zuteil. Der Steinfurter Brauereibesitzer durfte eine neue Fuchsiensorte auf den Namen seines verstorbenen Vaters 'Alex Rolinck' taufen. Sie war eigens von Karl Strümper zu diesem Anlass gezüchtet worden und bereichert seither das Sortiment des Kreislehrgartens.

Die Fuchsie erfreut sich nach wie vor großer Beliebtheit, und so konnte 2005 im Rahmen eines Sommerfestes im Kreislehrgarten noch einmal die Taufe einer bezaubernden neuen Fuchsiensorte gefeiert werden. Wieder war es eine Züchtung von Karl Strümper; sie erhielt den Namen 'Steinfurter Glockenspiel'. Diese hübsch gefüllte Sorte schmückt nun zusammen mit 'Alex Rolinck' die Terrasse am Kötterhaus.

'Alex Rolinck'

'Steinfurter Glockenspiel'

Fuchsienausstellung | 2005
Fuchsienzüchter - Ehepaar Strümper

Fuchsienfreund
Günter Gehring | 2005

Fuchsientaufe | 2005
Franz Niederau, Klaus Krohme, Andreas Hoge

Fliederfuchsie 'Las Margaritas'

Eine Entdeckung für Herrn Fuchs

Wie die Fuchsie zu ihrem Namen kam

1695 entdeckte der Mönch Charles Plumier in Santo Domingo (Dominikanische Republik) einen zierlichen Strauch mit roten Blüten. Der damaligen Tradition entsprechend benannte er sie zu Ehren des Mediziners und Botanikers Leonhart Fuchs mit der botanischen Bezeichnung *Fuchsia*. Die Sortenvielfalt ist bis heute enorm angewachsen, mittlerweile sind mehr als 10 000 Sorten registriert.

Fuchsien – mal wärmebedürftig, mal winterhart

Im Kreislehrgarten gibt es über 40 Sorten Fuchsien als nicht winterharte Kübelpflanzen, die in der Sommersaison zu bewundern sind. Die ältesten Exemplare sind gut 35 Jahre alt und besitzen einen schönen, knorrigen Stamm. Es gibt aber auch winterharte Fuchsien im Kreislehrgarten. Sie sind auf den Beeten ausgepflanzt und haben ihren großen Auftritt vom Beginn des Sommers bis zu den ersten Frösten im Herbst. Während die Kübelpflanzen schon vor den ersten Minusgraden ins frostfreie Winterquartier gebracht werden, bleiben die winterharten Fuchsien im Beet. Sie werden zum Schutz vor Kälte und Wintersonne mit Laub abgedeckt und erst im Frühjahr zurückgeschnitten. Ein wenig verhalten sie sich wie Stauden: Sie treiben aus den Wurzeln wieder aus. Da ihre Triebe jedoch verholzen, gehören sie nicht zu den echten Stauden. Winterharte Sorten sind eine perfekte Lösung für Fuchsienfans, die keine Überwinterungsmöglichkeiten für Kübelpflanzen haben.

winterharte Fuchsie 'Genii'

'Leonhart von Fuchs'

'Annabell'

Veranstaltungen

80 Sorten zum Narzissenfest 2008

Zahlreiche Narzissenblüten in Töpfen und auf den Beeten begrüßten im Frühling 2008 die Gartenbesucher. Die Gärtnerinnen und Gärtner hatten schon im Herbst und Winter zuvor etliche Zwiebeln getopft und in die Beete gepflanzt. Der Wettergott spielte mit, und so blühten zum Narzissenfest im März 2008 mehr als 80 verschiedene Sorten. Eine beeindruckende Vielfalt, die nun Jahr für Jahr den Frühling im Kreislehrgarten einläutet.

Erstmals stellten zum Narzissenfest 2008 die Bonsai-Freunde ihre Schätze im Kreislehrgarten aus. Das Interesse an den Pflanzen und auch an den Gestaltungs-und Schnittvorführungen war so groß, dass seitdem jährlich ein mehrtägiger Bonsai-Workshop angeboten wird. Daraus entstand ein Bonsai-Arbeitskreis, der sich regelmäßig in entspannter Atmosphäre im Kreislehrgarten trifft.

gefüllt blühende Narzisse 'Tahiti'

Narzissenrasen | 2008

Narzissenfest | 2008

Praxistipp:

Narzissenlaub welken lassen

Für die Blütenpracht brauchen Narzissen genügend Nährstoffe. Deshalb bekommen sie bereits im März eine passende Nährstoffgabe mit einem Volldünger. Das Laub nach der Blüte welken lassen und nicht zu früh abschneiden.

Narzissen – viel mehr als nur Osterglocken

Die Artenvielfalt der Narzissen ist enorm. Selbst Botaniker sind sich nicht immer einig, und die Klassifizierung löst manche Diskussion aus. Je nach Auffassung der Wissenschaftler gibt es zwischen 50 und 70 Arten. Die Wildformen kreuzen sich immer wieder untereinander; deshalb gestaltet sich eine eindeutige Zuordnung schwierig. Gezielte Züchtungen ermöglichen immer spektakulärere Blütenfarben und Formen. So gibt es pompöse, gefüllt blühende Riesenglocken mit orangefarbenen Blüten, die aber dem oft regnerischen Frühlingswetter nicht standhalten. Von eleganter Schönheit sind die kleineren Sorten mit leichtem Wildcharakter. Die Auswahl ist groß: Besuchen Sie den Kreislehrgarten im Frühling, und lassen Sie sich von der Narzissenpracht inspirieren!

Narcissus 'Actaea'

Veranstaltungen

Frühlingsfest 2011 - mit Bonsai und Aurikel

Beim Frühlingsfest 2011 waren die Hauptakteure wieder Narzissen in unzähligen Sorten, viele weitere Frühlingsblüher und beeindruckende Bonsaipflanzen. Die Bonsai-Freunde sorgten mit ihren „Bäumen in Schale" für große Faszination und präsentierten im passenden Ambiente des Bambusgartens ihre perfekt gestalteten Mini-Bäume und Wälder. Dazu gab es wertvolle Tipps, besonders für Bonsai-Anfänger.

Viel bewunderte Kostbarkeiten waren 2011 die Aurikeln mit ihren wunderschönen Blüten, präsentiert von Friedrich Moye. Er hatte die schönsten Sorten aus seiner 850 Sorten umfassenden Sammlung mitgebracht und stand Interessierten Rede und Antwort. Gespannt lauschten die Besucher, wenn der Aurikelfachmann über die Besonderheiten der Primelgewächse zu erzählen begann. Friedrich Moye ist es zu verdanken, dass diese schöne Unbekannte nun einige Freunde mehr hat und nicht ganz in Vergessenheit gerät.

Bonsaiausstellung, Frühlingsfest I 2011

Aurikel

Kugelprimel

Freundeskreis für den Lehrgarten

Einige Gartenfreunde versammelten sich im April 1996, um einen Förderverein zu gründen. Sowohl Vertreter der Kreisverwaltung wie auch engagierte Bürger und Bürgerinnen aus dem Kreis Steinfurt riefen den Förderverein Kreislehrgarten e. V. ins Leben. Gartenbaudirektor i. R. Willi Berndt wurde als erster Vorsitzender gewählt. Der jetzige Vorstand besteht aus dem Vorsitzenden Bürgermeister Andreas Hoge, Schatzmeister Bernd Buss und Schriftführer Kreisbaudezernent Franz Niederau.

Förderverein übergibt vier Gartenbänke | November 2011

Agapanthus 'Peter Pan'

Der Förderverein

Tobias Beil beim Mosten I 2005

Der Förderverein hat mittlerweile etwa 200 Mitglieder und unterstützt den Garten jährlich bei der Anschaffung von Gartenmöbeln, Pflanzensortimenten und bei der Ausstattung der hauseigenen Mosterei. So sind beispielsweise das Bambussortiment, die Agapanthus-Sammlung und viele Obstgehölze in den vergangenen Jahren aus der Kasse des Vereins finanziert worden.

Bei den Festveranstaltungen ist zudem Mithilfe gefragt. So werden die Besucher der Jubiläumsveranstaltungen im Jahr 2014 im Kötterhaus mit Kaffee und Kuchen von den fleißigen Förderern bewirtet.

An dieser Stelle ein herzliches Dankeschön an alle Mitglieder des Fördervereins.

Wenn auch Sie vom Kreislehrgarten begeistert sind und mithelfen wollen, den Garten in seiner Einzigartigkeit zu erhalten und zu fördern, dann sind Sie herzlich eingeladen, Mitglied im Förderverein zu werden.

2004

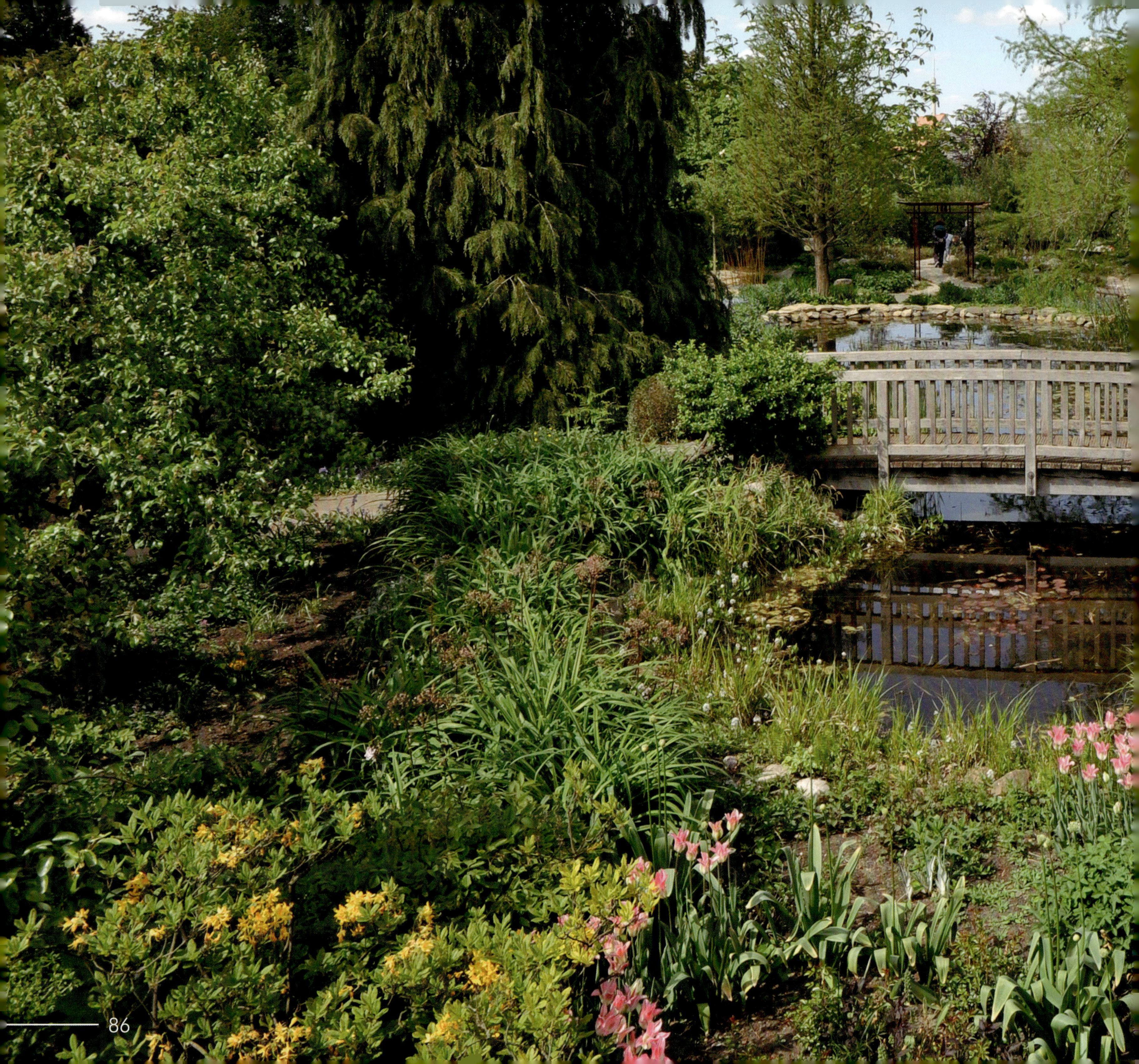

Natur im Garten

Teich mit Brücke | 2011

Mehr Natur in Gärten und Parks – so könnte man die Bewegung umschreiben, die viele Gartenliebhaber, Architekten, Bau- und Grünflächenämter ab den 1970er Jahren intensiv beschäftigte.
Weg von streng geometrischen Gartengestaltungen, hin zu mehr freien Linien, die den Verlauf von Wegen und Rabatten bestimmen. Weniger Beton, dafür mehr Natursteine für Mauern und Wege. Statt Exoten ziehen wieder heimische Pflanzen in die Gärten ein, aus Unkräutern werden Wildkräuter. Wildblumenwiesen ersetzen den Zierrasen, Laubgehölze die immergrünen Koniferen und es heißt: Bodendecker und Laub statt schwarz gehackter Erde. Auch Gartenteiche werden nun naturnah angelegt, Häuser kleiden sich in grünen Pelz und Kräuterspiralen haben Konjunktur. Da biologischer Pflanzenschutz im Gemüse- und Obstanbau großgeschrieben wird, erobern Nützlinge die Gärten. Und nicht zuletzt gewinnt der Artenschutz immer mehr an Bedeutung. Ob natürlich oder künstlich – für die Bewohner der Gärten und Parks werden Lebensstätten geschaffen: Laubhaufen für Igel, Holzstapel für Kleinsäuger oder die vielen unterschiedlichen Nisthilfen für Vogel-, Fledermaus- und Insektenarten. Auch vor dem Kreislehrgarten machte diese Entwicklung nicht halt.

Nickender Lauch

> **Praxistipp:**
> **Aussaat von Wiesenblumen**
>
> Blütenreiche Blumenwiesen brauchen einen nährstoffarmen Standort. Doch wer hat den schon? Auch im Kreislehrgarten war die Freude an Wiesen-Saatgutmischungen, die zwischen den Obstbäumen gesät wurden, nur kurz. Nach dem Motto „Versuch macht klug" wurden Ackerwildkräuter ausgesät. Seitdem erfreuen Jahr für Jahr Ackerrittersporn, Klatschmohn, Kornblume und andere Mitgesellschafter die Besucher der Obstbaumquartiere.

Natur im Garten

Der Biologisch-ökologische Lehrpfad

„Mit dem Biologisch-ökologischen Lehrpfad soll auch außerhalb von Führungen Wissenswertes vermittelt werden", so Oberkreisdirektor a.D. Dr. Heinrich Hoffschulte 1991 in seinem Grußwort.

„Die biologischen und ökologischen Grundkenntnisse vermitteln, das Interesse für die Bedürfnisse der Tier- und Pflanzenwelt wecken, den Garten zusammen mit der Natur gestalten", so umschrieb Biologin Brigitte Krings-Heuser die Ziele für den von ihr gestalteten Lehrpfad.

18 Stationen umfasste der Pfad, ergänzt um ein informatives Begleitheft. Themen wie die Lebensräume Hecke, Teich, Steingarten oder Blumenwiese wurden behandelt und vor Ort präsentiert.

Juni 2001

Torf – Synonym für den Sinneswandel

Breiten Raum gab der Biologisch-ökologische Lehrpfad auch den Themen Pflanzenschutz, Kompost und Torf. „Keinen Torf in den Garten!", so der eindringliche Appell des Lehrpfads. Dagegen präsentierte der Kreislehrgarten noch bis 1983 eine umfassende „Torflehrschau". Finanziert vom Torf-Streu-Verband wurden die Verwendung von Torf und die Anstrengungen der Torfindustrie für die Renaturierung der Moore ausführlich thematisiert.
Und Rhododendron-Pflanzungen – eingebettet in Torf – waren da noch schwer in Mode.
Beim Thema Torf wird der Sinneswandel zu mehr Natur in der Gartenkultur besonders deutlich.

Übrigens: Den Einzug von „Mehr Natur" dokumentiert noch eine weitere, kleine Begebenheit: Anfang der 1980er Jahre wurde der erste Gartenhäcksler angeschafft. Mulchen statt Verbrennen hieß es von nun an. Klima, Luft und Bodenfauna sagten Danke.

Der Biologisch-ökologische Lehrpfad lockte zahlreiche Besucher in den Kreislehrgarten. Dabei zeigte sich, dass einige der Stationen auf ein deutlich geringeres Interesse stießen. Dazu zählten u.a. die Infotafeln zur „Mendelschen Vererbungslehre" oder zur „Systematik des Pflanzenreichs".

Nach mehr als zehn Jahren hieß es daher: Zeit für eine Renovierung!

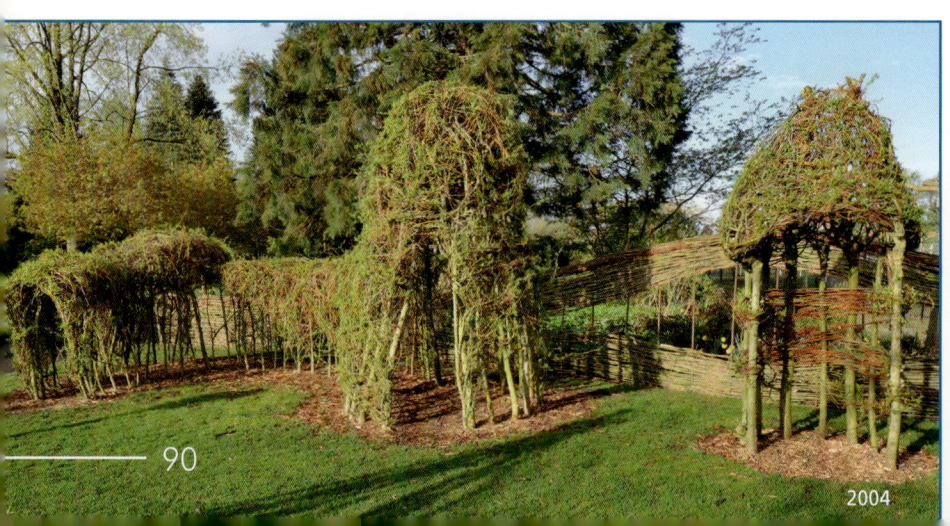

Torflehrschau 1980

2004

2005

Natur im Garten

Der GartenErlebnisPfad

Im Jahr 2003 folgte die Anlage des GartenErlebnisPfades. Im Gegensatz zum Vorgänger, dem Biologisch-ökologischen Lehrpfad, lag jetzt der Fokus weniger auf der Wissensvermittlung, sondern vielmehr auf dem Erleben des Gartens und seiner Elemente: riechen, fühlen, schmecken, sehen – einfach alle Sinne ansprechen und den eigenen Garten mit anderen Augen betrachten. Das war das Ziel. „Viele interessante Hinweise, manches zum Staunen und Schmunzeln, vieles praktisch und konkret", beschreibt Landrat Thomas Kubendorff die Inhalte des GartenErlebnisPfades im Rahmen der Eröffnung.

17 Stationen – überwiegend interaktiv – so sieht das neue Konzept aus, das die Biologin Susanne Rosenberger entwickelte. Viele Quiz- und Ratestationen ermöglichen es noch heute, Informationen durch ausprobieren zu erarbeiten (siehe Plan Seite 98).

Eröffnung | 2003

Lebendige Bauwerke – Das grüne Klassenzimmer

Für die kleinen Gäste entsteht die Station der „Lebendigen Bauwerke". Sich austoben, mit Weiden flechten oder bauen und mit Pflanzen wie der Feuerbohne gestalten – das alles ist hier möglich. So verwundert es nicht, dass diese Station im Zuge der REGIONALE 2004 zum 21. Grünen Klassenzimmer im Münsterland ernannt wurde.

Natur im Garten

Der Bauerngarten – Mischkultur par excellence

Bereits 1995 wurde die Station „Bauerngarten" angelegt und hat seitdem nichts von ihrer Faszination verloren. Sie ist Blumen- und Gemüsereservoir zugleich. Orientiert an streng geometrischen Formen, ordnen Hecken und Buchsbaum das scheinbare Durcheinander in den Beeten. Mischkultur statt Chemie – so lautet die Zauberformel für ein gutes Miteinander, das sich schon seit Jahrhunderten bewährt hat.

2005

Schnuppern, schmecken, schmausen – der Kräutergarten

Pizza ohne Oregano? Eine Hausapotheke ohne Kamille, Minze oder Baldrian? Unvorstellbar! So auch ein Garten ohne Kräuter. Diese findet man im Kreislehrgarten daher gleich an vielen Stellen: im Bauerngarten und natürlich an der Station Kräutergarten mit der Kräuterspirale.

2013

Barfuß-Pfad – fühlen was man begeht

Den Garten mit allen Sinnen erleben – beim Barfuß-Pfad kommt es aufs Fühlen an. Schuhe und Socken aus und los geht's! Besonders spannend wird es, wenn man sich die Augen verbinden, sich führen lässt und dann errät, was einem die Fußnerven mitteilen: Geht der Weg über runde Kiesel, Rindenmulch oder wohltuenden Rasen?

Auch zum Garten*Erlebnis*-Pfad wurden in einem kleinen Begleitheft viele Informationen zusammengestellt, etwa Pflanzenlisten oder Bauanleitungen.

Aufmerksame Leser oder langjährige Besucher des KLG erkennen es schnell: Einiges hat seit Einführung des Biologisch-ökologischen Lehrpfads nichts an seiner Bedeutung verloren: z.B. die Themen Nisthilfen, Grüne Dächer oder Grüne Wände.

2008

2004

Ohrwurm-Glocke

> **Der Kreislehrgarten als Zentraler Schulgarten**
>
> 1990 wird der KLG als „Zentraler Schulgarten im Kreis Steinfurt" anerkannt. Spezielle Veranstaltungen für Schulklassen und Kindergärten runden das umfassende Bildungsangebot des Kreislehrgartens ab. Der Renner ist das Thema Bienen.

Nisthilfen für Meise, Langohr oder Mauerbiene

Wohl jeder Gartenbesitzer hat schon Nisthilfen für seine Gartenbewohner angebracht. Sei es aus Gründen des Artenschutzes, des integrierten Pflanzenschutzes oder einfach aus Freude am Beobachten des regen Treibens. Viele Arten profitieren, darunter manch selten gewordener Gast.

Im Mittelpunkt standen und stehen sicherlich unsere gefiederten Freunde, etwa Meisen, Hausrotschwanz oder Steinkauz. In zunehmendem Maße gibt es aber auch künstliche Wohnhilfen für Fledermäuse wie zum Beispiel das Braune Langohr. Und in den vergangenen Jahren sind wahre Hotelketten für Bienen, Wespen und andere Insekten hinzugekommen.

Bereits seit der Einrichtung des Biologisch-ökologischen Lehrpfads hält der Kreislehrgarten eine Vielzahl künstlicher Nisthilfen zum Anschauen bereit. Neuheiten werden selbstverständlich regelmäßig ergänzt.

Grüne Dächer – grüne Wände

Dachbegrünungen reichen von dünnschichtigen Sedum-Moos-Gesellschaften (Extensivbegrünung) bis hin zu mehrschichtigen Begrünungen mit Strauch- und Baumanpflanzungen (Intensivbegrünung). Somit wäre auch in den baulich verdichtetsten Stadtteilen ein „Mehr Natur" möglich. Die vor allem optisch wohltuende Wirkung von Gründächern kann man auch im Kreislehrgarten bestaunen. Das Flachdach einer an der Südseite des Gartens angrenzenden Bushaltestelle wurde 1991 mit einer Begrünung versehen. Stauden, Gräser und sogar Gehölze prägen das Bild.

Eindrucksvolle Beispiele von Wandbegrünungen mit verschiedenen Kletterpflanzen, zum Beispiel Efeu, Klematis oder Kletterhortensie, sind sowohl am Verwaltungsgebäude des Kreislehrgartens zu sehen als auch am Bienenlehrstand. Leider sind diese Elemente von „Mehr Natur" in den letzten Jahren wieder etwas aus dem Blick der Gartenfreunde und Architekten entschwunden.

Top Ten der Spontanen und Schönen

Fingerhut • *Digitalis purpurea*
Scheinmohn • *Meconopsis cambrica*
Mutterkraut • *Tanacetum parthenium*
Stockrose • *Alcea rosea*
Silberblatt • *Lunaria annua*
Vergissmeinnicht • *Myosotis sylvatica*
Gartenpechnelke • *Silene viscaria*
Königskerze • *Verbascum spec.*
Haferwurzel • *Tragopogon porrifolius*
Iranlauch • *Allium aflatunense*

Spontanvegetation – lassen, lenken, staunen

Das eine gerät aus dem Blick, das andere gewinnt an Bedeutung: Letzteres gilt für die Spontanvegetation. Manche Arten (siehe Top Ten der Spontanen und Schönen) sind immer für eine Überraschung gut und können bei gutem Willen und entsprechender Rücksichtnahme bzw. lenkender Pflege jedes Jahr zu neuen bezaubernden Gartenbildern führen. Diese Eigenschaften und Potenziale werden auch im Kreislehrgarten seit Jahren genutzt und erfreuen den regelmäßigen Gast mit neuen, unerwarteten Motiven.

Fingerhut

Bienenbrotbaum

1988
Aufstellen der Klotzbeute

Ein Königinnenreich für die Honigbiene und ihre nahen Verwandten

Wer weiß sie nicht zu schätzen: Honig als Brotaufstrich oder zum Süßen von Speisen sowie echte Wachskerzen und ihr unverkennbarer Duft. Oder einfach das Summen der Bienen in der Frühlingssonne an den Weidekätzchen oder Apfelbaumblüten und später im Sommer an Lavendel, Sonnenhut und Staudenaster.
Kein Wunder, dass der Honigbiene und ihren nahen Verwandten, den Solitärbienen und Hummeln, ein besonderer Stellenwert im Kreislehrgarten eingeräumt wird.

An verschiedenen Stellen stehen Insektenhotels, die zum Teil mit hohem künstlerischen Anspruch gestaltet wurden. Dabei ist für eine gute Belegung der attraktiven Heime auch ein reichhaltiges Nahrungsangebot im Garten von entscheidender Bedeutung (siehe Top Ten der Bienennährpflanzen).

Innerhalb des Obstbaumquartiers befindet sich der 1988 errichtete Lehrbienenstand. Hier gewähren große Glasvitrinen den Blick ins Innenleben eines Bienenstocks. Der Zuschauerraum bietet ausreichend Platz, um von dort, geschützt vor möglichen Angriffen beunruhigter Bienen, den Imker bei seiner Arbeit zu beobachten und seinen Erläuterungen zu lauschen.

Haben Sie gewusst, dass die Biene der wichtigste Bestäuber von Pflanzen ist und ein Drittel der menschlichen Nahrung von ihr abhängt? Seit den 1990er Jahren hat vor allem in Europa, Amerika und Asien ein großes Bienensterben eingesetzt. Mittlerweile werden in China ganze Obstbaumplantagen von Menschen künstlich bestäubt. Und in Kanada gibt es beispielsweise professionelle Verleiher von Bienenvölkern zur Blütenbestäubung. Zu den Ursachen des Bienensterbens laufen zahlreiche Forschungen, endgültige Erkenntnisse gibt es noch nicht. Genmutation, neue Pestizide, Mobilfunkstrahlung und ein Virus tragen vermutlich dazu bei.

Top Ten der Bienennährpflanzen

- Bienenbrotbaum • Tetradium danielii
- Weiden • Salix spec.
- Efeu • Hedera helix
- Faulbaum • Rhamnus frangula
- Rotklee und Weißklee • Trifolium spec.
- Sedum • Sedum spec.
- Dost • Origanum vulgare
- Sonnenbraut • Helenium autumnale
- Obstbäume
- Jakobsleiter • Polemonium caeruleum

Der Kreislehrgarten bietet ein umfassendes Informationsangebot für „Mehr Natur in Gärten und Parks". Nutzen Sie es für Ihr grünes Wohnzimmer und erfreuen Sie sich an wechselnden Gartenbildern sowie dem Besuch von Hausrotschwanz, Honigbiene und vielen anderen Gästen.

Stationen des GartenErlebnisPfades

1. Vögel im Garten
2. Die zwei Seiten des Efeus
3. Wildbienen
4. Honigbienen
5. Früchte-Raten
6. Obstwiesen-Bewohner
7. Kompost und Regenwurm
8. Lebendige Bauwerke
9. Vorsichtig, giftig!
10. Biologischer Pflanzenschutz
11. Kräutergarten
12. Der alte Baum und der Kauz
13. Bauerngarten
14. Schmetterlingsgarten
15. Grüne Dächer
16. Zukunftsweg
17. Das Kötterhaus

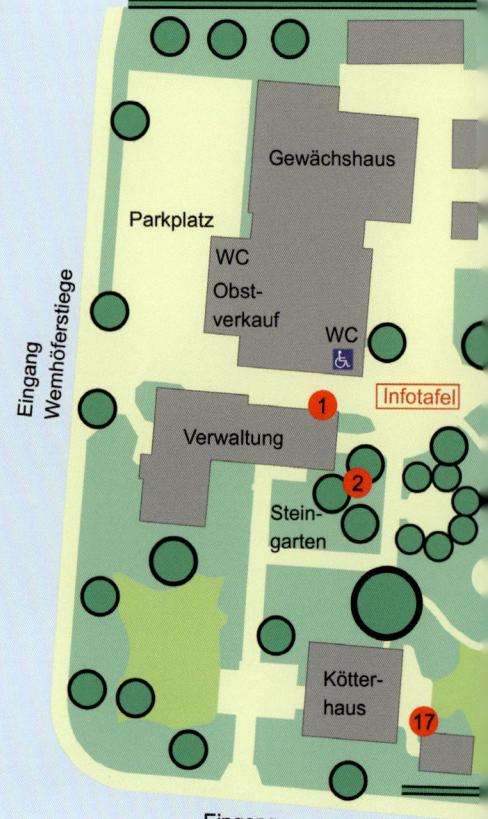

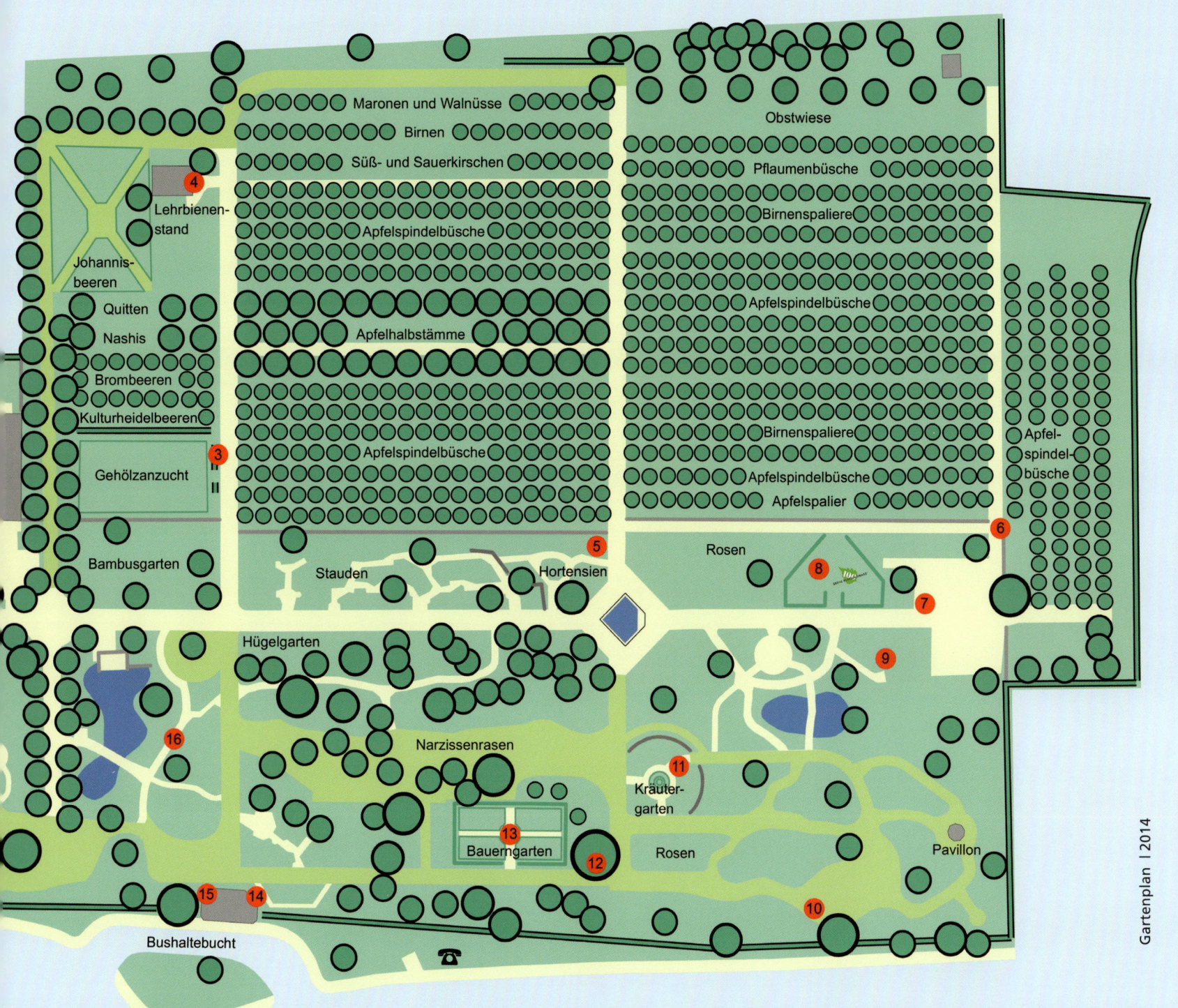

Maronen und Walnüsse
Birnen
Süß- und Sauerkirschen
Apfelspindelbüsche
Apfelhalbstämme
Apfelspindelbüsche

Obstwiese
Pflaumenbüsche
Birnenspaliere
Apfelspindelbüsche
Birnenspaliere
Apfelspindelbüsche
Apfelspalier
Apfelspindelbüsche

Johannisbeeren
Quitten
Nashis
Brombeeren
Kulturheidelbeeren
Gehölzanzucht
Bambusgarten
Lehrbienenstand

Stauden
Hortensien
Rosen
Hügelgarten
Narzissenrasen
Bauerngarten
Kräutergarten
Rosen
Pavillon
Bushaltebucht

Gartenplan | 2014

99

100

Kunst im Garten

2004

2013

2008

2005

Auch die Kunst blüht im Kreislehrgarten

Der Kreislehrgarten ist seit 1987 viel mehr als nur ein Garten, in dem der Blumen-, Gemüse- und Obstfreund viele Anregungen für das eigene grüne Paradies findet. 1987 wurde hier mithilfe von Spenden und Sponsoren das erste Kunstwerk aufgestellt. Es war die Bronzefigur „Der Leser" von der Künstlerin Anne Daubenspeck-Focke aus Emsdetten.

2005

2009

Besonnene Gemütlichkeit strahlt diese Skulptur aus, die den Besucher neben dem Kötterhaus empfängt, wenn er durch den Eingang am Veltruper Kirchweg kommt. Der bärtige Mann sitzt auf einem Stapel Bücher, streckt die Beine aus und liest im „Steinfurter Gartenbote Extra". Vertieft in die Lektüre lässt er die Besucher ungerührt an sich vorbeiziehen. Erst ein Jahr vorher war das Kötterhaus in der Bauerschaft Hollich abgebaut und an diesem Ort wieder aufgebaut worden. Mit der Umsetzung des alten Gebäudes wurde nicht nur ein Stück bäuerlicher Architektur gerettet. Das Haus bietet seitdem Raum für Schulungen, Ausstellungen und Veranstaltungen, die sich um den Garten drehen. „Der Leser" von Anne Daubenspeck-Focke kann deshalb durchaus als der berühmte Wink mit dem Zaunpfahl interpretiert werden: Vor dem Pflanzen steht das Lernen.

Kunst im Garten

Geht der Besucher ein paar Schritte weiter, entdeckt er auf dem Rasen vor dem Verwaltungsgebäude eine weitere Skulptur. Es ist „Der Fächer", der 1992 aufgestellt wurde. Jupp Ernst aus Steinfurt und Peer Christian Stuwe aus Westladbergen schufen ihn gemeinsam. Das Material ist Corten-Stahl, der trotz seines rostigen Aussehens äußerst witterungsbeständig ist.

Die flache Skulptur zeigt auf dem Grundriss eines fast geschlossenen Quadrats fünf erhabene Grate, die symbolisch für die Vielfalt des Kreislehrgartens mit seinen vielen Themengärten stehen könnten. Die aufgefächerte Struktur der Skulptur deutet die Möglichkeiten und Chancen der Einrichtung an.

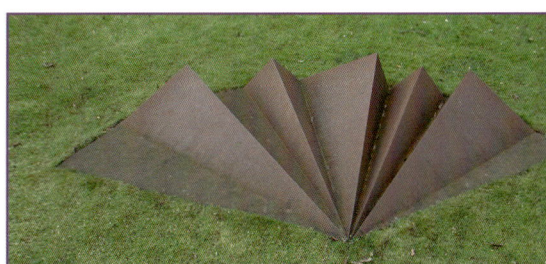

„Der Flirt" des Bocholter Künstlers Jürgen Ebert markiert seit 1989 am Wasserbecken, genau an der Kreuzung zweier wichtiger Wege, das Herz der gesamten Anlage. Die Hauptachse, die von der Verwaltung aus in gerader Linie bis ans andere Ende des Gartens führt, wird von drei Wegen durchkreuzt. Sie ist der räumliche „Leitfaden", von dem man abbiegen kann in viele kleine Wege, die weniger symmetrisch angelegt sind. Der Standort der Skulptur erweitert zusammen mit dem Wasserbecken die dritte Kreuzung zu einem markanten, quadratischen Platz, von dessen Seiten jeweils Wege in die vier Hauptrichtungen weisen.

Die Kunstsammlung im Kreislehrgarten knüpft an eine alte Tradition an. Kunst in Gärten war schon in der Antike beliebt. In den Parks von Renaissance-Schlössern standen Skulpturen von antiken Göttern, im Barock blühten nicht nur die Gärten auf, sondern auch die Kunst darin. Die Herrenhäuser Gärten in Hannover oder die Anlagen um Schloss Nordkirchen sind nur zwei von vielen Beispielen. Sie wurden nach französischen Vorbildern in geometrischen und symmetrischen Mustern angelegt. Wege und Pflanzen waren auf Plätze ausgerichtet, auf denen ein Brunnen oder eine Skulptur stand. Den Kreislehrgarten gab es bereits in seiner gesamten Struktur, hier wurden die Kunstwerke später aufgestellt. Der Standort der Bronzeskulptur „Der Flirt" vermittelt jedoch einen Hauch barocken Gartenverständnisses. Inhaltlich steht diese Skulpturengruppe für die moderne Form gegenständlicher Kunst, in der Themen menschlicher Kontakte ihren künstlerischen Ausdruck finden. Eine junge Frau und ein Mann sind in ein Gespräch vertieft. Sie schaut ihn konzentriert an, während er mit der Lässigkeit seiner Haltung das wahre Interesse überspielt.

2009

Jürgen Ebert (rechts) beim Aufbau

2011

Kunst im Garten

1997 wurde die vierte Skulptur im Kreislehrgarten aufgestellt. Es ist „Die Wildkrautjäterin" des Künstlers Herbert Daubenspeck aus Emsdetten. Mitten in einem Staudenbeet steht die Bronzefigur, und ist das Bindeglied zwischen der Hauptachse und dem Apfelquartier des Obstgartens. Auch sie ist zeitlos gearbeitet. Die geglättete Oberfläche täuscht nicht darüber hinweg, dass die tief gebückte Haltung der jungen Frau mit dem altmodischen Dutt Arbeit bedeutet. Offen bleibt dabei, ob sie Wildkräuter sammelt oder Unkraut entfernt. Es ist ein spannender Dialog zwischen körperlicher Tätigkeit und blühender Schönheit, der auf ästhetische Weise gelöst wurde.

Im Jahr 2005 entstand die erste Holz-Skulptur für den Kreislehrgarten. Der Steinfurter Künstler Klaus Soostmeyer schnitzte aus einem Pappelstamm „Das Totem", 5,30 Meter hoch und 1,5 Tonnen schwer. Die schmale Skulptur stand an der Grenze zwischen dem Zier- und Obstgarten. Soostmeyer bearbeitete das Holz mit der Kettensäge, entsprechend kantig sehen die Oberflächen aus. Weitere Skulpturen aus seiner Werkstatt kamen 2006 und 2007 hinzu. „Der Afrikabaum", „Der Gesichterbaum" und „Der Waldschrat" sind Arbeiten, die Soostmeyers Hang zur afrikanischen Plastik und zu indianischen Traditionen offenbaren. Für den Lehrbienenstand schuf der Freizeitkünstler eine übergroße Biene. Da die Holzskulpturen dem natürlichen Verwitterungsprozess unterliegen, wurden „Das Totem", „Der Afrikabaum" und „Der Gesichterbaum" mittlerweile demontiert.

2005

Künstler Klaus Soostmeyer aus Steinfurt

2011

Kunst im Garten

Von Herbert Brinkhaus sind seit dem Sommerfest 2005 einige figürliche Skulpturen aus Corten-Stahl als Dauerleihgaben des Steinfurter Künstlers aufgestellt. Brinkhaus beteiligte sich 2013 an der Aktion „Kunst trifft Kohl" und vergrößerte für einige Wochen den Skulpturenbestand des Kreislehrgartens. „Der Vogel" und „Das Pferd" sind geblieben.

2011 beteiligte sich auch die Münsteraner Künstlerin Birgit Jaffke an der Freiluftausstellung „Kunst trifft Kohl" im Kreislehrgarten. Ihr Beitrag war der stählerne „GrAasgeier", der mittlerweile angekauft wurde und beim Zwiebelrasen steht.

Seit 1987 hat sich der Kreislehrgarten vom reinen Mustergarten durch immer neue Skulpturen und Kunstaktionen zu einer sehenswerten Freiluftgalerie entwickelt. Für die Kunstwerke wurden keine neuen Wege oder Beete angelegt, im Gegenteil. Für jede Skulptur wurde ein passender Platz gefunden, an dem die Kunst in einem ausgewogenen Verhältnis zur Natur steht. Jede Skulptur hat den nötigen Raum, um ihre Wirkung entfalten zu können. Mit großem Verständnis für die moderne Wechselwirkung zwischen Natur und Kunst ist aus dem Garten ein öffentlicher Park geworden, der einlädt zum Schauen, zum Verweilen und zum Entspannen. Viele Sinne werden angesprochen, ohne sich gegenseitig einzuschränken. Gleichberechtigt stehen Natur und Kunst nebeneinander. Ohne die ständige, ganzjährige Pflege des Teams der Gärtner wäre das wohl kaum möglich.

Autorin: Elvira Meisel-Kemper, Kunsthistorikerin und Journalistin aus Ahaus

108

Der Garten in den Medien

Wenn der WDR Besuchergruppen durch sein Studio an der münsterschen Mondstraße führt, dauert es meist nicht lange, bis jemand nach Klaus Krohme fragt. „Vor allem unsere weiblichen Gäste möchten wissen, ob der Gärtnermeister auch ‚in Wirklichkeit' so freundlich ist", schmunzelt Studioleiterin Andrea Benstein. Ist er, sagt sie dann. Klaus Krohme – das „Gesicht" des Kreislehrgartens, ein echter Medienprofi. Zahlreiche Münsterländer kennen ihn und den Garten vor allem durch die „Lokalzeit" im WDR. Doch auch Zeitschriften, Zeitungen und Hörfunk berichten regelmäßig über das Kleinod in Burgsteinfurt. Der Kreislehrgarten und die Medien – seit jeher eine fruchtbare Verbindung.

Bereits im Jahr 1965 gab es die ersten Fernsehbilder aus dem Lehrgarten: Fünf Minuten lang konnte das zu dieser Zeit noch etwas spärlichere TV-Publikum – natürlich nur in Schwarz-Weiß – verfolgen, wie der damalige Leiter Willi Berndt eine aufmerksame Mädchenklasse durch den Kräutergarten führte. Hoch amüsiert erkannten sich einige der mittlerweile etwas reifer gewordenen Mädchen bei einer Wiederholung dieses Beitrags im WDR-Fernsehen anlässlich des 95. Geburtstags des Kreislehrgartens 2009 wieder.

„Lokalzeit"-Reportage | 2008

Dreharbeiten zu „Grün & Bunt" | 1998
Kameramann: Ralf Gemmecke und Moderatorin Diana Eichhorn

Dreharbeiten zu „Grün & Bunt" 1997
Unterwasseraufnahmen

„Lokalzeit" 1992

Mitte der 1990er Jahre machte das ZDF den Kreislehrgarten deutschlandweit bekannt: Die charmante Diana Eichhorn unterhielt fünfmal im Jahr die Nation am Sonntagnachmittag unter dem Slogan „Grün & Bunt" – als Kulisse diente der Steinfurter Garten. Sogenannte Location-Gebühren nahm der Kreis Steinfurt damals noch nicht. Dafür galt der Deal, dass Frau während der Sendung stets erwähnte, an welch wunderbarem Ort sie sich gerade aufhielt …

Kabel legen, Ecken ausleuchten, Mikros richten – vor allem die Fernsehjournaille schätzt die Schönheit und die vielfältigen Möglichkeiten des Gartens und gibt sich hier nicht selten die Klinke in die Hand. Selbst der Bayerische Rundfunk nahm 2004 den weiten Weg ins Münsterland in Kauf, um in Burgsteinfurt für „Querbeet" zu drehen.

Moderatorin Tamina Kallert und Angelika Laumann bei den Dreharbeiten zu den „Gartengeschichten", WDR, 2005

Einen festen Platz hat der Kreislehrgarten von Beginn an in der Tagespresse und später auch in Fachpublikationen. Die Zeitschrift „FLORA Garten" – herausgegeben von Gruner + Jahr – nutzte den schier unerschöpflichen Fundus an Themen und Tipps und schrieb viele Jahre lang regelmäßig über den Lehrgarten. Klaus Krohme steuerte zahllose Artikel über Pflege, Gestaltung und Nutzung unterschiedlicher Gärten bei.

Einen medialen Höhepunkt erlebte der Kreislehrgarten im Sommer 1998, als eine Petunie besonders gut auf einen speziellen Dünger ansprach: Sie wuchs und wuchs und wuchs – und war sodann mit 2,70 Meter die längste Petunie ihrer Art der Welt. Das brachte ihr und dem Lehrgarten einen Eintrag ins Guinnessbuch der Rekorde – sogar in der Jubiläumsausgabe von 2000!

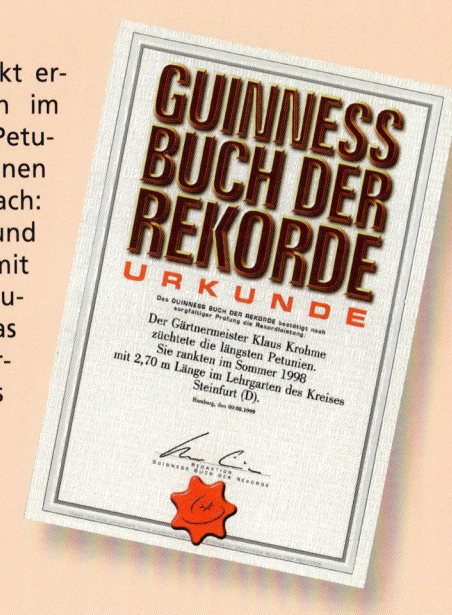

Bepflanzung der Kästen | Mai 1998

Rekord-Petunien | Oktober 1998

Von März bis November ist Klaus Krohme derzeit alle 14 Tage in der „Lokalzeit" des WDR zu sehen. Der Sender kann sich kaum retten vor Anfragen: Wie mache ich meine Pflanzen winterfest? Wann muss ich den Apfelbaum beschneiden? Wann graben, säen, ernten? Krohme ist Tomatenexperte, Kräuterprofi, Obstbaum-Spezialist. Er hat für (fast) jedes Gartenproblem eine Lösung und vermittelt diese vor der Kamera verständlich und anschaulich. „Er denkt journalistisch und hat viele gute Ideen", fasst Andrea Benstein, WDR-Studiochefin in Münster, zusammen. Die Arbeiten für einen ihrer ersten Hörfunkberichte führte sie übrigens vor vielen Jahren in den Steinfurter Kreislehrgarten. Ihre dienstliche Verbundenheit mit ihm und seinem Leiter zieht sich mittlerweile auch in ihr Privatleben – denn im eigenen Garten setzt sie Klaus Krohmes Tipps sehr gern um.

„Gartengeschichten": Moderatorin Tamina Kallert und Klaus Krohme | 2005

Weidenbündeln für neue Kunstobjekte

... und was macht ihr im Winter?
Eine Frage, die uns oft gestellt wird!

Winter im Garten

Nach der Ernte beginnen wir mit den Umgestaltungsmaßnahmen im Lehrgarten. Obstsorten, die sich nicht bewährt haben, werden gerodet und durch neue ersetzt. Auch im Ziergarten werden jedes Jahr Beete neu gestaltet. Oft sind ältere Staudenpflanzungen nach Jahrzehnten von Zaunwinde oder Giersch „verseucht" und werden komplett aufgenommen. Die Beete werden anschließend mit der Grabegabel von Wurzelunkräutern befreit und in den ersten ein bis zwei Jahren mit einjährigen Sommerblumen gestaltet. Erst nachdem alle unerwünschten Kräuter ausgemerzt worden sind, beginnen wir mit der Neupflanzung von Stauden und Gehölzen.

Die Wegepflasterungen halten nicht ewig und werden nach einigen Jahrzehnten ersetzt oder neu verlegt. Um den Grad der Oberflächenversiegelung möglichst gering zu halten, gestalten wir viele Wege im Kreislehrgarten mit Rasen. Bei frostfreiem Wetter haben wir teilweise bis Dezember Rollrasen verlegt – den Tritten der 50 000 Besucher im folgenden Jahr hielt er problemlos stand.

Und im Büro gibt es immer etwas zu tun: Das „Sorgentelefon" der Hobbygärtner klingelt auch in den Wintermonaten; der Beratungsbedarf ist besonders montagmorgens recht hoch. Die Seminare und Veranstaltungen müssen geplant und Programme dazu erstellt werden. Alles in allem ist der *Lehrgärtner* auch im Winter gut aktiv.

400 bis 500 Pflanzenetiketten schreibt Florian Stücker während einer Wintersaison.

Andreas Struck bei der Fertigung von Ranksäulen in der Werkstatt im Keller. Bis 1981 wurde hier das Obst gelagert und vermarktet.

Bei Temperaturen bis minus 5 Grad schneiden wir ab Januar die Obstbäume.

1923

Anonyme Anfrage im Kreisblatt über Nutzbarmachung des „brachliegenden Kreisgartens" als Gartenland

1946

Hermann Greiwe (links) beginnt seine Tätigkeit

Gartenbauinspektor Willi Berndt wird gartenbaulicher Fachberater für die Landkreise Ahaus, Coesfeld, Borken und Burgsteinfurt

1959

Ausbau der Schmuckanlagen mit einem neuen Heidegarten

Anton Wickenbrock, Auszubildender aus dem Kreislehrgarten, wird Landessieger und 2. Sieger im Bundesentscheid im gärtnerischen Berufswettkampf

1974

Neuanlage Rosenbeet; Entstehung der Sondergärten; Beschaffung eines wertvollen Iris-Sortiments. Aus dem Park „Blühendes Barock" aus Ludwigsburg erhält der Lehrgarten ein Geschenk in Form eines besonderen Paeonien-Sortiments

Kreisobstbauinspektor Friedrich Mey beginnt seine Tätigkeit für den Kreis Burgsteinfurt

Bildung einer Komission zur Leitung und Überwachung der Arbeiten bei der Einrichtung des Gartens. Der Titel lautet: Kreis-Obst- und Gemüse-Mustergarten

1929

Der KLG wird Beispielwirtschaft für Obst- und Gemüsebau genannt

1915

Als Hilfskräfte stehen Friedrich Mey die Mitarbeiter Bernhard Robrock, Johann Kock und Johann Rehorst zur Seite

1926

Errichtung des ersten Wirtschaftsgebäudes mit Keller als Lagerraum

1945

Friedrich Mey wird pensioniert. Er stirbt am 02.12.1952

1936

Vortragskurs zum Thema Schädlingsbekämpfung

1958

Anpflanzung einer Sauerkirschanlage

Durchführung einer Obstsortenschau

1912

Der Kreisausschuss beschließt den Aufbau eines Mustergartens und bittet den Kreistag, entsprechende Mittel zum Erwerb eines Grundstückes zu bewilligen

1913

Der Kreisausschuss beschließt den Ankauf des Grundstücks Schulze-Veltrup

1914

Der Kreisausschuss stellt den Betrag von 12.400,- Mark für einen Mustergarten zur Förderung des Obst und Gemüseanbaues zur Verfügung

1919

Antrag um Genehmigung für die Anpflanzung von Obstbäumen

1927

Kauf einer Bodenfräse

Friedrich Mey wird zum Obstbauoberinspektor befördert

1937

Erdbeeren werden auf einer Fläche von 12 Ar angebaut

Vom Institut für Obstbau der Universität Berlin werden von der Apfelsorte `Schöner von Boskoop` zwölf verschiedene Halbstämme zur Anpflanzung geliefert, deren Wuchs, Gesundheit und spätere Tragbarkeit beobachtet und verglichen werden sollen

1949

Errichtung eines Verwaltungsgebäudes

1957

Pflanzung Vitamin-C-reicher Früchte

In Schauversuchen werden neuzeitliche Spritzmittel überprüft

1965

Die 1. Steinfurter Gartentage, die seitdem jährlich durchgeführt werden

1976

3. Kreisgartenkonzert der Werbegemeinschaft

Gartenbaudirektor Willi Berndt wird pensioniert. Die Gartenleitung übernimmt Gärtnermeister Hermann Greiwe

114

1986
Einweihung des Kötterhauses

1989
Gärtnermeister Hermann Greiwe geht in den Ruhestand. Die Leitung übernimmt Gärtnermeister Klaus Krohme

Jubiläumsfeier 75 Jahre Kreislehrgarten

1992
Fuchsienausstellung mit den „Fuchsienfreunden Münsterland", 15 000 Besucher in zehn Tagen

Taufe der Fuchsiensorte `Alexander Rolinck'

1.Obstausstellung, es folgen weitere 1994, 1996 und 1998

1996
Der Förderverein Kreislehrgarten e.V. wird gegründet

Ein Venlo-Gewächshaus wird gebaut

Kräuterwochenende in Zusammenarbeit mit der Gartenzeitschrift FLORA

Ein Ziergarten- und ein Obstgartenführer erscheinen

2005
WDR Dreh: Tamina Kallert im Gespräch mit Angelika Laumann zum Thema Weidenflechten

Das Kötterhaus wird zum außerstandesamtlichen Trauzimmer

2008
Narzissenfest mit Bonsai-Ausstellung

Konzertreihe „Trompetenbaum & Geigenfeige", 2009 und 2010 folgen weitere Konzerte

„Das Münsterland - Die Gärten und Parks e.V. Gartenakademie Münsterland" wird gegründet

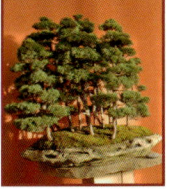

2013
Acht Künstler stellen im Rahmen von „Kunst trifft Kohl" im Lehrgarten aus

1982
Fertigstellung eines neuen Wirtschaftsgebäudes und Gewächshauses

1988
Bau eines Lehrbienenstandes

2003
Der Garten*Erlebnis*pfad wird eröffnet.

1985
Beginn der Niederlegung und Umsetzung des Kötterhauses aus der Bauernschaft Hollich

1990
Ein Stallgebäude aus Welbergen wird als Nebengebäude des Kötterhauses errichtet

1991
Eröffnung des „Biologischökologischen Lehrpfades"

1994
Ein Veranstaltungsprogramm erscheint von nun an jährlich

1995
Sommerblüten-Festival

1998
Die längste Petunie der Welt (2,70 Meter)

2000 erfolgt der Eintrag ins Guinnessbuch der Rekorde

2004
Regionale 2004: Es entstehen 100 grüne Klassenzimmer, die Markierung 21 befindet sich im Kreislehrgarten

2007
Der Kreislehrgarten wird im „Europäischen Gartennetzwerk" aufgenommen (EGHN)

Der Zukunftspfad mit aus „Wünschen gestalteten Ziegeln" erhält seinen Platz

2010
Verkaufsraum-Erweiterung und Anbau der Toilettenanlage

2011
Frühlingsfest mit Narzissen- und Bonsai-Ausstellung

Ausstellungsreihe „Kunst trifft Kohl"

2014
100 Jahre Kreislehrgarten Steinfurt, als Geburtsstunde wird der erste Spatenstich im KLG gewählt

1914 bis 1945	19; 21
1946 bis 1976	27; 29
1965	30; 73; 109; 114
1976 bis 1989	33; 35; 37
1989 bis heute	39; 41
75 Jahre Kreislehrgarten	35; 115
AB-Maßnahme	34; 41
Agapanthus	34; 62; 63; 85
Agapanthus 'Charlotte'	63
Agapanthus 'Double Diamond'	63
Agapanthus 'Himmelgras'	63
Agapanthus 'Johanna Gärtner'	63
Agapanthus 'Northern Star'	63
Agapanthus 'Peter Pan'	85
Agapanthus 'White Heaven'	63
Alfred Bettmer	71
Alfred Lichtwark	53
Allergiker	50
Allium	67; 95
Allium christophii	66
Allium 'Forescate'	67
Allium 'Hair'	67
Allium 'Purple Sensation'	66
Allium schubertii	66
Allium nigrum	66
Allium tuberosum	66
Andreas Hoge	7; 79; 84
Andreas Struck	51; 72; 113
Angelika Laumann	56; 72; 110; 115; 119
Anja Finkmann	72
Anne Daubenspeck-Focke	102
Anton Kränzle	30
Apfelsorten	49
Artenschutz	88; 94
Asimina triloba	50
Aurikel	83
Aus- und Weiterbildung	69; 71; 73
Ausbildungsbetrieb für Obstbau	28
Bambus	60; 61; 83; 85
Barfuß-Pfad	93
Bärlauch	54; 67
Bauerngarten	52; 53; 98; 92
Baumschule Pomona	23
Baumwarte-Lehrgang 1950-1951	70
Baumwärter	21; 24 28; 73
Beispielwirtschaft	46; 114
Berg-Ilex	53
Bernd Buss	84
Bienenbrotbaum	96; 97
Biologisch-ökologischer Lehrpfad	41; 89; 90; 91; 93; 94; 115
Birgit Jaffke	107
'Birne von Tongre'	21
Birnensorten	49; 50
Birnen-Spaliere	51
Bodenfräse	20; 114
Bonsai-Arbeitskreis	81; 83
Brigitte Fleddermann	30; 36

Buchsbaum	52; 53; 92
Christina Riesenbeck	30
Christrose	65
Cylindrocladium buxicola	53
Das grüne Klassenzimmer	91
Das Münsterland – Die Gärten und Parks	73; 115
Der Fächer	103
Der Flirt	104
Der Garten in den Medien	109
Der Leser	102
Diana Eichhorn	109; 111
Die Wildkrautjäterin	105
Dr. Heinrich Hoffschulte	35; 98
dritter Gartenleiter	33
Echter Mehltau	59
Edelgamander	53
Edelreiser	21; 24
Ehepaar Strümper	79
Erdbeeren	24; 46; 54; 114
erster Gartenleiter	19
Erwin Schröer	72
Fachberater	27; 114
Federborstengras	59
Felix Völker	41
Fingerhut	95
FLORA Garten	73; 110
Florian Stücker	72; 113
Förderverein	7; 84; 85; 115
Franz Niederau	30; 79; 84
Friedrich Mey	7; 84; 85; 115
Friedrich Moye	83
Frühbeete	46
Fuchsia 'Alex Rolinck'	79
Fuchsia 'Annabell'	50
Fuchsia 'Genii'	50
Fuchsia 'Las Margaritas'	50
Fuchsia 'Leonhart von Fuchs'	50
Fuchsia 'Steinfurter Glockenspiel'	79
Fuchsie	34; 41; 50; 77; 79; 115
Fuchsienausstellung	77; 79; 115
Fuchsiensammlung	49
Garten- und Blumenfreunde	36
Gartenarbeiter	33
Gartenbänke	7; 84
gartenbauliche Fachberatung	27
Gartenbesitzer	12; 13; 42; 94
Garten*Erlebnis*Pfad	91; 98; 115
Gartengestaltung	12; 88
Gartenkultur	12; 13; 90
Gartenplan 1956	74
Gärtnerberuf	39; 71
Gärtnerteam	37; 72
Geisenheimer Weg	50
Geschichte	3; 5; 7; 17
Gourmetrose 'Rose de Resht'	56
Gräfin Sonja Bernadotte	30
Gräser	57; 58; 59; 61; 95

Grün & Bunt
Grüne Dächer
Guinnessbuch
Günter Gehring
Gymnasiasten
Hans-Joachim Wachter
Heidegarten
Heidelbeere
Heil- und Gewürzpflanzen
Helleborus
Helleborus 'Charlotte'
Helleborus 'Elly'
Helleborus 'Frilly Kitty'
Helleborus 'Merlin'
Helleborus 'Rachel'
Helleborus 'Snow Frills'
Helleborus 'Valery'
Helleborus 'Wintergold'
Herbert Brinkhaus
Herbert Daubenspeck
Hermann Greiwe

Hilfskräfte
Hochzeitspaare
Hofladen
Hubert Mersch
Indianer-Banane
Insektenhotels
Jahresernte
Jan Böwering
Johann Rehorst
Jupp Ernst
Jürgen Ebert
Kartoffellaub
Kindergarten
Klaus Krohme

Klaus Soostmeyer
Klotzbeute
Kompostgabe
Kötterhaus
Kräuter
Obst- und Gemüse-Mustergarten
Kriegsjahre
Kübelpflanzen
Kugelprimel
Kunst im Garten
Landesverband der Gartenbauvereine
Landrat Rudolf Hörstker
Langzeitdünger
Lavendel
Lebendige Bauwerke
Lehr- und Schaugarten
Lehrbienenstand
Lehrlinge
Liliengewächs
Lokalzeit

Stichwortverzeichnis

	42; 109; 110
	93; 95; 98
	111; 115
	79
	28
	73
	33; 47; 114
	49
	33
	64; 65
	64
	64
	64
	65
	64
	64
	64
	107
	105
	28; 30; 33; 34; 35; 36; 37; 39; 40; 41; 70; 114; 115
	20; 114
	35
	50
	30
	50
	96
	50
	68
	21; 114
	103
	104
	20
	40; 41
	3; 30; 39; 40; 42; 79; 109; 110; 111; 115
	106
	96
	51
	35; 41; 73; 79; 85; 98; 102; 115
	55; 92; 96; 98; 113
	19; 114
	20; 27
	34; 47; 63; 80
	83
	101; 103;105;107
	28; 30; 36; 73
	27
	62
	55; 56; 96
	91; 98
	37; 40; 96; 106; 115
	28; 34; 71
	63
	42; 109; 110; 111

Manfred Terbrüggen	70; 75
Männerchor Frohsinn	78
Marius Bettmer	71
Maronen	49
Melanie Heins	72
Minze	54; 92
Mischkultur	92
Narcissus 'Actaea'	82
Narzisse 'Tahiti'	81
Narzissenfest	81; 82; 115
Narzissenrasen	82
Nashi	48; 49
Natur im Garten	87; 89; 91; 92
Nieswurz	65
Nisthilfen	93; 94
Obstbaumschnitt	21; 28
Obstbauoberinspektor	21; 24; 114
Obstinspektor	20; 21
Obstlagerung	34
Obstsortenausstellung	42
Ohrwurm-Glocke	94
Omorika-Fichten	47
Osterglocken	82
Paw-Paw	50
Peer Christian Stuwe	103
Pfitzer-Wacholder	47
Pflanzenetiketten	113
Pflanzenschutz	21; 41; 57; 88; 90; 94; 98
Pflaumen	49
Phyllostachys	60; 61
Praxistipp	51; 53; 56; 58; 60; 62; 65; 82; 89
'Prinz Albrecht von Preußen'	50
Quitten	49; 50
Ralf Gemmecke	109
Regionale 2004	91; 115
Reinhard Bertels	73
Rhizomsperre	61
Rhododendron	47; 90
Rollrasen	113
Rosa 'Bassino'	57
Rosa 'Centenaire de Lourdes'	27
Rosa 'Lovely Meidiland'	57
Rosa 'Marie Lisa'	57
Rosa 'Port Sunlight'	57
Rosen	4; 41; 53; 56; 57: 59; 114
Rosengarten	33
Roter Sonnenhut	59
Rudolf Kempin	19
Rundgänge	41
'Santana'	50
Sauerkirschen	46
Schmuckgärten	47
Schneerose	65
'Schöner aus Boskoop'	24; 25
Schwarze Johannisbeeren	46
Seminar	14; 30; 41; 69; 73; 113
Seminarangebot	73

Servicezeit Wohnen und Garten	42
Sorgentelefon	113
Sortentipp	50
Spalierobst	51
Spontanvegetation	95
Spritzenführer	21; 26; 70
Stachelbeersortiment	23
Stationen des Garten*Erlebnis*Pfades	98
Stauden	11; 13; 29; 47; 52; 59; 64; 65; 67; 80; 95; 96; 104; 113
Staudenveilchen	59
Steinfurter Gartentage	8;9; 30; 35; 73; 114
Steingarten	33; 47; 89
Susanne Rosenberger	91
Tamina Kallert	110; 111; 115
Taschentuchbaum	38
Teich	7; 12; 47; 87; 88 89
Thomas Kubendorff	91; 5
Tobias Beil	85
Top Ten	95; 97
Torf	90
Trauzimmer	35; 115
Trockenmauer	55
Trompetenbaum & Geigenfeige	76; 78; 115
Veranstaltungen	5; 7; 12; 35; 73; 81; 83; 85; 94;102; 113
Veranstaltungsprogramm	35; 41; 115
'Vereinsdechantsbirne'	50
Verkaufsraum	34; 50; 115
Vermarktung	34
Vertikaler Garten	34
Verwaltungsgebäude	26; 27; 28; 33; 46; 47; 95; 103; 114
vierter Gartenleiter	39
Waltraud Nölleke	30
WDR	42; 109; 110; 111; 115
Wespen	94
Wiesenblumen	89
Wildkräuter	86; 89; 104
Wilfried Müller	41
Wilhelm Ottersbach	28
Willi Berndt	27; 28; 29; 30; 31; 33; 84; 109; 114
Wintergarten	34
Wirtschaftsgebäude	34; 114; 115
Wochenseminar	30; 73
Workshops	41
Zaunwinde	113
Zentraler Schulgarten	94
Ziergehölzsammlung	47
Ziersalbei	56
Zweiter Weltkrieg	24; 27;28; 46; 51
zweiter Gartenleiter	27

Bildnachweis

Klaus Krohme: Titelbild, 1, 3, 4, 5, 7, 9 o, 10, 11, 12, 13, 14 o + 14 m, 15, 16, 24, 25, 27 u, 30 u, 31 ur + 31 ul, 38, 39 u, 40 u + 40 o, 41, 42 ul, 43, 44, 46 or, 47, 48, 49, 50, 51, 52g, 53, 54, 55, 56, 57, 58, 59, 60, 61, 62, 63, 64, 65, 66, 67, 71 l, 72 or, 72 m, 72 ul, 72 ur, 73, 77, 78l, 79, 80, 81, 82, 83 o, 83 ur, 84 om, 84 u, 85, 86, 88 k, 89, 90 u, 91 u, 92, 93, 94 u, 95, 96 l, 98, 100, 101 o, 101 u, 102, 103, 104 o, 104 u, 105, 106, 107, 108, 110 ol, 110 om, 110 m, 111 o, 112, 113, 115 or, 115 om, 115 m, 115 ur, 116, 118, 119, Umschlag hinten oben

Hermann Greiwe: 32, 33, 34, 35, 36, 37 ol, 40 m, 46 rm, 78 m, 78 r, 90 o, 96 or, 96 om, 104 m, 114 or, 115 l, 115 u

Dorothea Boeing: 2, 6, 9 u, 12, 18, 52 k, 68, 76, 79 u, 84 ol+ 84 or, 88 g, 90, 94 o, 97, 101 m

Landesverband der Gartenbauvereine NRW e. V.: 8, 23, 26, 28, 46 ru, 71 r, 72 ol, 75, 114 om, 114 um, Umschlag hinten unten

Angelika Laumann: 39 o, 42 o, 42 ur, 52 or, 69 u, 91 o, 109, 111 u

Pressereferat Kreis Steinfurt: 29, 30 o, 37 or, 69 o, 70 or, 115 ol,

Landesarchiv NRW, Abteilung Westfalen, Kreis Steinfurt, Kreisausschuss Akte Nr. 118: 20 l, 20 rs, 114 ul

Willi Berndt: 17 r, 27 or, 31 o

Fotohaus Kiepker: 27 ol, 37 u, 114 ur

Marion Nickig: 83 ul, 105

Friedrich Mey: 19, 114 o

Kreislehrgarten Steinfurt: 22, 70 ol

Stadtarchiv Steinfurt: 17 l, 27 or

Stefan Leppert: 14 u

Ursel Borstell: 120

Familie Fänger: 21 l

Gartenbauverein Lengerich, Wehmöller: 46 ol

Mainau GmbH, Pressereferat: 9 m

Manfred Terbrüggen: 74, 75

Deutschlands Obstsorten: 21

Kreis Steinfurt l Umwelt- und Planungsamt l Ute Blume: 99

Gruner + Jahr, FLORA Garten: 110

Impressum

© 2014 Kreis Steinfurt

Herausgeber:
Kreis Steinfurt | Stabsstelle LR | Tecklenburger Str. 10 | 48565 Steinfurt

Redaktion:
Angelika Laumann und Klaus Krohme | Kreislehrgarten Steinfurt

Konzept und Lektorat:
Angelika Laumann und Klaus Krohme
Susanne Peters

Schlussredaktion:
Sandra Waege

Autoren:
Klaus Krohme | Kreislehrgarten Steinfurt
Angelika Laumann | Kreislehrgarten Steinfurt
Stefan Leppert | Landschaftsarchitekt
Elvira Meisel-Kemper | Kunsthistorikerin und freie Journalistin
Udo Schneiders | Kreis Steinfurt | Umwelt- und Planungsamt
Kirsten Weßling | Kreis Steinfurt | Pressesprecherin

Bildbearbeitung, Layout u. Satz:
Dorothea Böing | Kreis Steinfurt

Illustrationen: Angelika Laumann | Kreislehrgarten Steinfurt

Druck: Druckhaus Cramer | Greven

ISBN 978-3-926619-95-2

1999